Junior Paya

7 Choses au séjour des morts que l'Église a perdu

Junior Paya

7 Choses au séjour des morts que l'Église a perdu

Éditions Muse

Imprint

Cover image: www.ingimage.com

Publisher:
Éditions Muse
is a trademark of
International Book Market Service Ltd., member of OmniScriptum Publishing Group
17 Meldrum Street, Beau Bassin 71504, Mauritius

Printed at: see last page
ISBN: 978-620-2-29228-3

7 CHOSES AU SÉJOUR DES MORTS QUE L'ÉGLISE A PERDU.

Eugène Junior PAYA NGOUBOU

DÉDICACE

Je dédie le présent ouvrage à tout le corps de Christ ;

À tous ces ouvriers persévérants dans la moisson du Seigneur Jésus à travers le monde.

Mon vœu le plus cher est que l'Eglise de Christ en général et les chrétiens en particuliers se lèvent et sortent des quatre murs pour apporter la bonne nouvelle du royaume de Dieu jusqu'aux extrémités de la terre ; car, LE Christ Jésus revient bientôt.

REMERCIEMENTS

J'aimerais remercier la servante du Seigneur Emilie Paya mon épouse qui a toujours cru en moi et m'a encouragé à l'écriture quand bien même j'hésitais. Merci d'être à mes cotés ; merci pour la relecture et les amendements apportés.

Je remercie mes parents spirituels le couple pastoral Victor et Pamela Boumono pour leur exemplarité, pour leur encadrement et pour leur soutien multiforme. Grâce à vous, je suis devenu ce que je suis aujourd'hui dans mon ministère.

Je remercie également tous mes enfants spirituels qui étaient les premiers à commander le livre et à s'impatienter de l'avoir. Merci de croire en moi.

Je tiens également à exprimer ma reconnaissance à une nuée d'autres personnes qui ont toujours vu en moi une certaine grâce divine dans l'écriture.

Ma reconnaissance à toute personne qui de près ou de loin, directement ou indirectement a contribué à la rédaction de cet ouvrage, par une parole, un témoignage ou un encouragement.

Enfin, je remercie le père de gloire chez qui il n y a ni changement, ni ombre de variation. Celui sans qui, ce livre n'aurait pas pu voir le jour. Merci Père Éternel pour ton Esprit et pour ta grâce infinie manifestée en Jésus-Christ.

Table des matières

Dédicace……………………………………………………2
Remerciements…………………………………………….3
Introduction…………………………………………………5

Chapitre 1

La Vision………………………………………………......9

Chapitre 2

Le Souvenir ....……….....25

Chapitre 3

La Compassion…………………………………….......33

Chapitre 4

La Soif……………………………………………...….41

Chapitre 5

La Séparation………………………………………..…...52

Chapitre 6

L'Intercession……………………………...……………62

Chapitre 7

La Mission…………………………………...……...…72

Conclusion…………………………………….………89

INTRODUCTION

L'évangélisation qui est la mission essentielle de l'Eglise ne peut être l'œuvre d'un homme mais de l'Eglise elle-même. Et Dieu appelle tout croyant au salut des âmes.

Malheureusement, la raison d'être et la mission de l'Eglise semblent être mal comprises ou du moins négligées. Ainsi, de nombreux ministères s'attèlent à beaucoup de choses sauf à l'essentiel. Des programmes sont organisés par-ci par là. Mais l'impact reste non ressenti. Et des excuses spirituelles sont alléguées pour justifier le manque de réel impact sur son environnement et sur les vies des personnes.

Comment expliquer donc que le nombre d'églises est croissant mais l'impact est de moins en moins ressenti sur la transformation de la nation, et sur les vies des membres dans certaines assemblées ? Comment expliquer que malgré le nombre de programmes chrétiens organisés à coût de millions dépensés, des villes, des villages et des régions demeurent quasi non atteints et sans transformation?

Nous comprenons donc qu'il ne s'agit, ni d'ouvrir des églises, ni d'organiser des programmes ; mais, le plus important est ce qui motive, mieux, ce qui impulse les choses, c'est-à-dire le moteur et l'incitateur derrière chaque action.

L'église a perdu certains de ces principes moteurs qui animaient la vie du Seigneur Jésus et les premiers disciples.

Nous les apprendrons ici de la conversation rapportée entre Abraham et le mauvais riche dans le séjour des morts, au travers de la parabole de Jésus sur le mauvais riche et le pauvre Lazare. Les requêtes du riche mort sans Christ nous montrent les réels besoins de l'homme sans Dieu masqués par les biens et les richesses terrestres. Et les réponses du père Abraham également nous interpellent dans le même sens. Lisons le récit dans Luc 16 : 19- 31 :

« Il y avait un homme riche, qui était vêtu de pourpre et de fin lin, et qui chaque jour menait joyeuse et brillante vie.

Un pauvre, nommé Lazare, était couché à sa porte, couvert d'ulcères, et désireux de se rassasier des miettes qui tombaient de la table du riche ; et même les chiens venaient encore lécher ses ulcères.

Le pauvre mourut, et il fut porté par les anges dans le sein d'Abraham. Le riche mourut aussi, et il fut enseveli. Dans le séjour des morts, il leva les yeux ; et, tandis qu'il était en proie aux tourments, il vit de loin Abraham, et Lazare dans son sein.

Il s'écria : Père Abraham, aie pitié de moi, et envoie Lazare, pour qu'il trempe le bout de son doigt dans l'eau et me rafraichisse la langue ; car je souffre cruellement dans cette flamme.

Abraham répondit : Mon enfant, souviens-toi que tu as reçu tes biens pendant ta vie, et que Lazare a eu les maux pendant la sienne ; maintenant il est ici consolé, et toi, tu souffres.

D'ailleurs, il y a entre nous et vous un grand abime, afin que ceux qui voudraient passer d'ici vers vous, ou de là vers nous, ne puissent le faire.

Le riche dit : Je te prie donc, père Abraham, d'envoyer Lazare dans la maison de mon père ; car j'ai cinq frères.

C'est pour qu'il leur atteste ces choses, afin qu'ils ne viennent pas aussi dans ce lieu de tourments.

Abraham répondit : Ils ont Moïse et les prophètes ; qu'ils les écoutent.

Et il dit : Non, père Abraham, mais si quelqu'un des morts va vers eux, ils se repentiront.

Et Abraham lui dit : S'ils n'écoutent pas Moïse et les prophètes, ils ne se laisseront pas persuader quand même quelqu'un des morts ressusciterait. »

Voici une histoire très riche en enseignements. Nous ressortirons à partir de cet échange des principes urgents et des clés que l'Eglise n'applique plus véritablement bien qu'œuvrant toujours au nom de Jésus-Christ. Car, le plus important n'est pas ce que l'on fait, mais pourquoi on fait ce que l'on fait. Les motifs déterminent les résultats de Dieu.

Paul résumait puissamment dans l'une de ses épitres la raison d'être de l'Eglise. Il expliquait pourquoi le Seigneur permet aux croyants de rester dans ce monde après la repentance et la nouvelle naissance au lieu de les amener directement au ciel. Paul dit c'est : « afin que les dominations et les autorités dans les lieux célestes connaissent aujourd'hui par l'Église la sagesse infiniment variée de Dieu, selon le dessein éternel qu'il a mis à exécution par Jésus Christ notre Seigneur ». (Ephésiens 3 : 10-11).

C'est dire donc que les anges voient comment à travers l'Eglise Dieu prend les juifs, les non-juifs, des hommes et des femmes coupables d'avoir mis à mort le Christ et méritent l'enfer pour en faire un seul corps spirituel en Jésus-Christ au moyen de la prédication de l'évangile de Christ.

Ces dernières décennies, nous avons assisté à une forte emphase mise sur autre chose dans de nombreuses églises à propos des thèmes développés, à l'instar de la prospérité, la richesse, la bénédiction matérielle et financière.

L'Eglise de Christ a omis certaines choses, ou certains principes qui animaient la vie de chaque disciple de l'Eglise primitive que nous voyons dans le livre des actes.

Même les évangiles nous enseignent que notre Seigneur Jésus a marché dans ces impératifs tout au long de son ministère terrestre. Et, à travers ce dialogue d'outre tombe, le Seigneur nous amène à saisir ce sur quoi l'Eglise doit fixer toute son attention sur la terre. Il fait en fait un zoom pédagogique sur le besoin viscéral de l'homme de son vivant afin que ses disciples évitent d'être distraits et d'investir dans des insignifiances, mais plutôt dans ce qui est éternel et peut sauver l'homme de la perdition éternelle.

Chapitre 1
LA VISION

« Dans le séjour des morts, il leva les yeux [...] IL VIT de loin »

Pour notre Seigneur Jésus, le monde est un champ et les êtres humains la moisson. Il dit : « la moisson est grande, mais il y a peu d'ouvriers ».

Il s'agit du salut des âmes perdues. Beaucoup ne sont pas encore sauvées. La vision de Dieu a toujours été le salut de sa créature, c'est la seule raison pour laquelle Jésus est venu sur la terre mourir à la croix. Ce n'était pas pour autre chose. Tout l'amenait à la croix, chaque pensée qui inspirait chacun de ses pas et chacune de ses actions.

Le problème que Jésus a cependant noté c'est qu'il ya peu d'OUVRIERS. Dieu pour son ouvrage a besoin d'ouvriers, pas de bureaucrates et encore moins de manœuvres.

Les ouvriers travaillent de leur mains, ils n'ont ni peur de se salir ni honte de se salir pour la réalisation de l'ouvrage qui leur a été confié. Se sont des hommes et des femmes de terrain qui non seulement ont le souci de faire des disciples mais aussi la capacité d'instruire : (2 Timothée 2 :2) :

« Ce que tu as entendu de moi [...] confie le à des hommes fidèles qui soient capables de l'enseigner aussi à d'autres »

Une autre version de la Bible dit : « à des hommes fiables » qui soient capables, c'est-à-dire compétents. Le Seigneur veut des gens qui sont passés par son école, c'est ce que Jésus fit avec ses disciples pour leur formation dans des méthodes et des procédés empiriques. Il faut donc faire ses preuves en passant ses épreuves. C'est seulement après, que l'ouvrier se trouvera qualifié et déclaré apte par le témoignage et la puissance du Saint-Esprit en lui et sur lui. C'est Dieu qui emploie les ouvriers, l'ouvrier fait parti de ceux qui ont été appelé et qui ont été élu. L'ouvrier est quelqu'un d'accrédité : c'est ce qui ressort dans Actes 1 :8 lorsque Jésus dit :

« Vous recevrez une puissance : le Saint-Esprit survenant sur vous ». Ca c'est l'accréditation céleste. Voilà pourquoi nous sommes appelés « ambassadeur du royaume ».

ACCREDITER quelqu'un, c'est lui donner l'autorité nécessaire pour agir en qualité de. Voici pourquoi, il est dit : « à tous ceux qui l'ont reçu, elle a DONNÉ LE POUVOIR DE… »

Aujourd'hui, pour la moisson, nous avons plus de MANŒUVRES, c'est-à-dire des personnes ouvrières peu ou pas qualifiées. Ce qui fait que le manœuvre est limité dans ses actions et ses interventions. Toutefois, Dieu seul est celui qui qualifie les personnes qu'il a choisi et non une formation théologique sanctionnée par un diplôme d'une école ou une faculté théologique. On a perdu la vision de faire des disciples contrairement à celle de Jésus mentionnée dans Matthieu 28 : 19-20.

Jésus avait la vision d'envoyer ses disciples. Il ne faisait pas partie de ces directeurs pédagogiques des écoles traditionnelles de ministères ou bibliques. En effet, dans ces écoles et facultés traditionnelles, il faut des années d'études ; il faut bien apprendre ses leçons pour passer les épreuves. Mais à l'école du Seigneur, il vous fait passer les épreuves afin de vous apprendre des leçons essentielles. C'est une vision semble-t-il contradictoire avec ce qui est généralement et humainement admis. Mais, il y a urgence, le monde est mourant ; Jésus le savait et cette urgence n'a pas changé aujourd'hui pour lui.

Excepté, de nombreux ministères qui forment des personnes pour les besoins de leurs propres ministères et non pour les lâcher dans le monde en danger pour les besoins et la vision du royaume. Les formations bibliques ou théologiques deviennent des longues carrières interminables, ce qui est dommage.

L'autre problème est que dans ces ouvriers qualifiés, il y a encore une division. Ceux qui sont réellement à leur poste et ceux qui sont oisifs. Dans Matthieu 20, la parabole des ouvriers nous fait comprendre que vers la onzième heure, le maître sortit et trouva des ouvriers qui étaient pépères toute la journée sans rien faire.

En cette onzième heure, les chrétiens sont oisifs, insouciants par rapport à leurs responsabilités. Comment est-ce possible ? D'où vient cette autosatisfaction des chrétiens ? Tout dans le monde est brisé, la confiance dans les gouvernements, la confiance dans les monnaies, le mariage, beaucoup n'y croient même plus, les foyers se rompent, les jeunes qui détruisent leur corps avec la débauche et les drogues. Tout est brisé. Sauf une chose : le cœur des chrétiens. C'est quoi cette froideur dont fait montre les églises ? Dieu dit : « Rachetez le temps ; regardez les champs sont blancs » les chrétiens disent, non, on a encore le temps Seigneur. Seul le diable sait qu'il a peu de temps devant lui. Quelle vision avons-nous ?

Le retour de Christ, on l'oublie même, comme si on était éternel sur cette terre. Regardons comment nous vivons : évasion, divertissement, investissement des millions dans des constructions et des véhicules de luxe etc. Dans les réunions on demande combien d'entrée d'argent il y a eu le mois et non combien d'âmes ont été gagné le mois.

Dans la vision de beaucoup, leurs affaires sont plus importantes que l'œuvre de Dieu qui est le salut des âmes ; leurs jardins plus importants que les champs de la moisson et les champs missionnaires ; leurs maisons plus importantes que l'église et le ciel pour les perdus ; leur vision c'est de gagner plus d'argent et non de gagner plus d'âmes pour Christ. Le Christ n'est pas mort pour créer des carrières ou des entrepreneurs mais pour sauver les perdus.

Au lieu des ouvriers, nous retrouvons des bureaucrates. Au lieu des faiseurs de disciples, nous trouvons des faiseurs d'argent. Que se passe-t-il en réalité avec les bureaucrates ? Ils sont de deux types.

Le premier groupe de bureaucrates c'est celui des ouvriers bureaucratisés. C'est-à-dire des hommes de terrain de la moisson que les églises ont décidé de retirer du champ de l'exercice spirituel, de la puissance de l'Esprit, pour en faire des « fonctionnaires » confinés dans l'atmosphère des bureaux pour la gestion administrative de l'église. Cependant, l'autre groupe de bureaucrates est un groupe de personnes qui ont bien suivi leur formation théologique et de management sans l'accréditation sur eux. Ils n'ont pas vraiment réussi leurs épreuves à l'école du Saint-Esprit. S'appuyant sur leurs diplômes, ils accordent une importance exagérée à leurs fonctions ecclésiastiques au détriment du Saint-Esprit et abusent de leur pouvoir sur le peuple, sur les brebis du Seigneur qui se laissent tondre la laine naïvement.

Le retour de Christ est une incitation à la sanctification, à l'Amour, à la fidélité dévotieuse et à l'évangélisation. Aujourd'hui, le plus grand besoin de l'église n'est pas d'avoir plus de membres, plus de grands bâtiments ou plus d'argent. Tout cela vient par-dessus le royaume de Dieu selon que Dieu fait grâce. Cela ne devrait en aucun cas, être une vision. C'est dire que le royaume de Dieu et ses intérêts doivent être la base, le socle sur lequel toutes les autres choses viennent se poser : « cherchez premièrement le royaume.. ». La question essentielle, l'urgence c'est d'annoncer l'évangile du royaume et de glorifier Dieu. Un grand évangéliste de notre temps disait : « la moisson ne doit pas rester sans être récoltée alors que les moissonneurs défendent simplement « leur » troupeau.

La bible nous apprend dans Apocalypse que « l'Esprit et l'épouse disent : vient ». Mais beaucoup de chrétiens ne regardent plus au ciel et ils disent : attend encore Seigneur.

Pourquoi les chrétiens n'ont plus la vision de la nouvelle Jérusalem céleste ?

Parce que l'esprit du monde les domine, ils sont animés par cet esprit « Guirgasien » qui était une nation qui empêchait le peuple d'Israël d'entrer à Canaan dans Deutéronome 7. C'est quoi l'esprit Guirgasien et comment se manifeste t-il ?

L'esprit Guirgasien se caractérise par une absence de vision spirituelle. Ce nom veut dire « habitant de la terre ». Ce type d'esprit s'intéresse plus aux choses terrestres, temporelles. Ce sont des personnes qui raisonnent, basent leurs décisions sur des logiques « intellectuelles » mais sans intelligence.

Par exemple, quand ils ont à choisir entre deux offres d'emploi, ils considèrent d'abord le salaire, la distance, les possibilités de promotions, les avantages etc. Ils s'embarrassent rarement de la volonté de Dieu pour choisir et accepter, par exemple, un poste dont le salaire est bas… Dieu peut vouloir que nous prenions ce poste qui nous parait effectivement bien moins intéressant simplement parce qu'il a la vision de sauver les vies des gens gravitant dans ce cercle de travail à travers nous.[1]

Il se peut aussi que Dieu voit beaucoup plus loin et nous avertisse que Satan veut nous faire sortir de la vision et du plan de Dieu en Christ et qu'il est entrain d'essayer de nous tenter par un autre travail qui peut paraître bon au début, mais qui va nous absorber et nous tuer à la longue.

L'esprit Guirgasien recherche la renommée et aime à être à tout prix devant. Il ne prêche pas Christ, mais prêche pour sa propre Chapelle. Le marketing et la communication

---

[1] Shamah – Elim, Plan détaillé des Sept esprits Méchants, le ministère de l'alliance 2005.

institutionnelle. Christ n'est plus mis en avant, mais les entreprises et les hommes avec de grands Posters, photos géantes. Ceux qui sont sous cet esprit, marchent et décident selon leur propre sagesse humaine. Jacques 3 : 17 déclare : « La sagesse d'en haut est premièrement pure, ensuite pacifique, modérée, conciliante, pleine de miséricorde et de bons fruits, impartiale, et sans hypocrisie. » King James.

Le mot « impartial » ici, c'est *adiakritos* qui veut dire « sans juger, sans discerner entre ». Cela renvoie à l'action qu'accomplissent la plupart des personnes en achetant les fruits au supermarché. Elles tâtent chaque fruit dans la caisse, « jugeant entre les fruits » et prenant ceux qu'elles estiment être les plus frais et les meilleurs. On peut le faire quand on achète des fruits, mais pas avec ce qui vient de Dieu.

Malheureusement, de nombreux chrétiens le font, ils aiment prendre le fruit de la miséricorde, ils aiment à croire que Dieu est un Dieu d'amour qui pourvoit à tous leurs besoins. Mais quand il s'agit du fruit du jugement, ils l'ignorent, préfèrent ne pas tenir compte du fait que Dieu est un Dieu Saint, Juste qui a horreur du péché. Quand il s'agit d'aller et de faire de toutes les nations des disciples, quand il s'agit d'aller dans la rue, dans les maisons pour témoigner, ils l'ignorent simplement, ils préfèrent le fruit de la bénédiction tranquille assis dans les quatre murs de l'église au lieu d'aller se faire mépriser et insulter à cause de Christ. Pour eux s'est honteux.

Pourquoi ? Parce que la vision n'est pas tournée vers le haut, la sagesse n'est plus celle qui vient d'en haut. Car « allez » ce n'est pas un choix comme avec les fruits, c'est un ordre. Ne courons pas le risque de négliger l'œuvre de l'évangélisation.

Les Guirgasiens se focalisent toujours sur les choses terrestres. Cet esprit détourne les gens de la vision des choses célestes, de nature éternelle. Quand les esprits sont entrés dans le troupeau de porcs par exemple, ces derniers se précipitèrent dans la mer se noyant dans les eaux. Ce qui nous fait comprendre que les Guirgasiens tout comme les porcs sont des fonceurs intempérants, ils prennent des décisions impulsives basées sur une vision myope complètement focalisée sur la terre et leur propre volonté, car ils demandent rarement à Dieu ce qu'il veut avant d'agir. *« Dans le séjour des morts, il leva les yeux »*. Chrétiens, serviteurs et servantes de Dieu : levons les yeux. Ne restons pas centrés sur nous-mêmes, nos performances charnelles, et nos ministères. Levons les yeux et voyons cette moisson et prêchons l'évangile sans compromis.

Le bon berger se saigne pour ses brebis. Quelle est la vision du Seigneur ? C'est que la terre soit remplie de la connaissance de la gloire de l'Eternel comme les eaux recouvrent le fond de la mer (Habacuc 2 :14). C'est-à-dire que comme les eaux couvrent le fond de la mer de telle sorte qu'il n'y ait pas un seul millimètre sec, sans eau, la bonne nouvelle du royaume, du salut en Jésus-Christ doit être répandue dans les moindres coins et recoins à la surface du globe où il y a un homme vivant. « Allez dans le monde entier et prêchez la bonne nouvelle à toute la création » (Marc 16 :15).

Notre leitmotiv devrait donc être : vivre comme si Jésus était mort hier, ressuscité et glorifié aujourd'hui et devait revenir prendre son Eglise demain. LEVONS LES YEUX ! Il y a des personnes qui meurent sans Christ devant nous et même dans les églises. L'Eternel nous redemandera leur sang.

Le phénomène des « Méga Church » a fait perdre beaucoup de serviteurs et servantes de Dieu la vision du salut des âmes par la repentance et la foi en Jésus. On préfère éviter certains messages tels que la sanctification et le péché. de peur de perdre les membres. Et par ricochet, « nos » dîmes et « nos » offrandes. Ainsi, beaucoup d'hommes, de femmes et de jeunes demeurent dans le péché et préparent l'enfer dans l'église en vivant dans une illusion de salut éternel parce que l'évangile leur a été prêché sans intégrité, à moitié par des serviteurs véreux, vampires et cupides.

C'est la course à la « méga Church ». Le plaisir de se retrouver devant la foule de membres donne un phantasme de réussite ministérielle. Combien de ministres ont dilué le message pur de l'évangile ? Combien laissent des maçons diriger leurs assemblées parce qu'ils auraient les plus grands portefeuilles ? Combien ont intégré dans le conseil de leurs églises des personnes immatures à cause de leur contribution financière? Vous avez plus peur de perdre des membres que de perdre la présence du Saint-Esprit ? Beaucoup d'églises ont mis Jésus à la porte. Oui, vous devenez tolérant et plus compréhensible qu'il ne le faut. Jésus frappe à la porte de beaucoup de ministères parce qu'ils l'ont mis dehors.

Faites une rétrospective de quand vous commenciez le ministère et aujourd'hui. Gardez vous le cap quant à la vision que le Seigneur vous a donné pour le ministère? Est-ce que le message que vous transmettez ou que vous prêchez est celui que Dieu vous a demandé de partager ou vous prêcher ce que les gens veulent entendre? Quand vous préparez un sermon, si vous le faites encore. Quelles questions vous posez vous ? Seigneur que veux tu que je dise à ton peuple ? Ou peuple que voulez vous entendre ? Qu'est ce qui fera mouche comme prédication et rapportera plus d'offrandes et d'Amen?

Grand nombre d'églises contemporaines ressemblent à l'église de Laodicée qui a une vision illusoire. Une église ni froide ni bouillante, une église tiède qui se croit riche et qui dit qu'elle s'est enrichie et qu'elle n'a plus besoin de rien (Apocalypse 3 : 15-17).

Laodicée était une ville énormément riche, partant l'église l'était également et continuait à prospérer ce qui occasionna sa tiédeur, sa vanité, son orgueil et son arrogance. Elle ne comptait que sur elle-même dans le naturel et le spirituel. Elle avait foi en ce qu'elle savait pour la maintenir en vie spirituellement. Etant riche, elle se voyait intouchable et capable de faire face à tous les problèmes. Elle n'avait donc plus besoin de Christ, sa sécurité était dans ses biens et sa connaissance.

La ville refusa même l'aide pécuniaire de Rome lors du tremblement de terre pour sa reconstruction, disant qu'elle n'a besoin de rien, l'église pense et se dit la même chose. Sa richesse lui a donné de voir avec ses yeux naturels, une vision tronquée. Elle en a oublié l'importance du spirituel, et de voir avec ses yeux spirituels. Effectivement, l'amour des biens matériels empêche toujours le mouvement du Saint-Esprit.

A quoi ressemble votre église aujourd'hui ? Qu'est ce qui motive vos décisions et vos actions ? Quelle vision ? Quel rapport faites-vous entre la forme et le fond ?

L'église de Laodicée n'était pas hostile au Seigneur, mais elle n'avait aucun zèle, elle était apathique, elle n'avait plus d'ardeur pour le Seigneur, elle clochait des deux pieds face au monde et à Dieu. L'église était en vie mais non vivante. Elle avait la lumière et la connaissance de l'Evangile, elle le professait, mais elle s'éteignait petit à petit. Elle n'était pas bouillante dans son amour pour Dieu, pour le salut des âmes pour Jésus. L'église de Laodicée ne s'opposait plus aux péchés, aux erreurs, et acceptait le compromis. Elle était charnelle couverte par une religiosité aux couleurs d'argent et de réussite.

Bien que riche dans le naturel, l'église de Laodicée était pauvre, car elle était stérile, indigente, improductive, elle n'avait rien à manger spirituellement qui en valait la peine, elle était nue, elle ne pouvait pas changer sa position, car elle pensait être le contraire. Et vous ?

Retenons une fois pour toute que peu importe le nombre d'œuvres que nous ferons, elles ne serviront à rien si elles ne sont pas le fruit de l'obéissance à la vision de Dieu.

Aujourd'hui, quand vous levez les yeux qu'est ce que vous voyez et que voit les non-croyants? Des grands bâtiments et des constructions monumentales. Inconsciemment beaucoup de serviteurs de Dieu, de chrétiens empruntent la voie de Caïn.

Caïn fut le premier bâtisseur de ville à laquelle il donna le nom de son fils Hénoc, ce qui est un symptôme d'orgueil et de perversité, comme nous le voyons dans le (Psaume 49 :12) : « Ils s'imaginent que leurs maisons subsisteront toujours et leurs demeures de génération en génération, eux qui avaient donné leurs noms à des terres. »

Tout comme les non rachetés ne songent qu'à cette vie et luttent pour se faire un nom durable sur la terre et refusent de prendre en compte l'idée de l'au-delà et de devoir comparaître devant le trône de Dieu, les chrétiens inconsciemment vivent ainsi, se comportent ainsi bien que professant le ciel.

Quand Jésus dit : « …faites de toutes les nations » des disciples. Ce mot « *faites* » renvoie au fait de produire et de se reproduire selon l'espèce.

Ici se cache une autre vérité très importante. Dieu décréta que, dans Son royaume, tout devait porter du fruit selon son espèce (Genèse 1 : 11-12, 21, 24, 25). Un manguier donne des mangues et une pomme donne des pommes. Il n'y a aucune transmutation des espèces, ni possibilité de passer d'une espèce à l'autre, ni dans le domaine naturel, ni dans le domaine spirituel. Dans le domaine naturel, nous donnons naissance à des enfants à notre image. On dit souvent d'un jeune garçon qu'il ressemble à son père. Du point de vue spirituel, nous reproduisons chez d'autres ce qui se trouve en nous. Si nous sommes des rois et des sacrificateurs pour le Seigneur, nous engendrerons des rois et des sacrificateurs. Mais, si nous sommes des enfants rebelles et que nous regimbions sans cesse contre les corrections divines, c'est exactement ce que nous reproduirons chez nos enfants spirituels. C'est la raison pour laquelle il nous faut prier pour que le Seigneur nous transforme, afin que nous ne transmettions pas nos travers à ce que nous amenons au Seigneur, à ceux que nous encadrons dans la foi.

Jésus a envoyé des personnes qui étaient déjà des disciples. Ainsi, ils allaient dans le monde pour la reproduction, pour que les nations deviennent ce qu'ils étaient déjà eux-mêmes. C'est-à-dire des disciples de Christ. Telle était et telle est la vision de Christ pour son Eglise: « multipliez-vous ! »C'est-à-dire faites des personnes de la même nature que vous.

Ecoutez, si votre vision s'arrête avec vous, ce n'était pas une vision, mais une illusion. Car une vraie vision engendre et ne meurt pas.

En sortant de l'Egypte avec Moïse, le peuple d'Israël avait une vision portée par Moïse : Sion (exode 15 :17). Moïse, porteur de la vision mourut, mais la vision n'est pas morte. Les porteurs de la vision changent, mais pas la vision. Parce que la vision est divine, donc éternelle. Jésus est parti, sa vision continue au fil des siècles et des millénaires à travers ses vrais disciples qui l'ont saisi. Rien que ce livre que vous lisez est la continuité de la vision du Christ.

Christ en vous, l'espérance de la gloire

« [...] Dieu a voulu faire connaitre quelle est la glorieuse richesse de ce mystère parmi les païens, savoir : Christ en vous, l'espérance de la gloire » (Colossiens 1 : 27).

Ce texte parle de la vision centrale de Dieu pour sa créature. En effet depuis la chute d'Adam et Eve, Dieu nourrit une espérance pour l'Homme qu'il a créé et formé. Le péché ayant séparé l'Homme de son créateur, Dieu n'a pas laissé tomber sa créature.

Aussi, l'espérance de Dieu a toujours été d'habiter dans l'Homme. Ainsi, quand un pécheur se repent, qu'il accepte Jésus-Christ comme Seigneur et sauveur, il y a célébration dans le ciel parce que l'espérance du Seigneur est accomplie. Dieu jubile car Christ est entré en lui ! Cela passe par vous et moi. Car, en vous et moi sauvés, témoignant et évangélisant, l'espérance de la vision de Dieu est accomplie.

J'avais souvent dit et entendu dire que : si Dieu donne la vision, il accorde aussi la provision. Il faut avouer que j'avais écouté ça avec un grand frère dans la foi et j'aimais la résonance de cette phrase. Ce qui faisait que lorsqu'on me demandait de terminer la prière en élevant la voix j'aimais la citée. Mais, à bien regarder cette assertion, je compris qu'elle n'était pas tout à fait correcte.

Dieu ne nous donne pas d'abord la vision et ensuite la provision. Le vocable *provision* en lui-même est suffisamment persuasif pour que je cherche à vous convaincre. En effet, si nous procédons à une analyse grammaticale du mot « provision », nous avons le préfixe *pro-* qui veut dire placé devant, qui précède, qui se produit avant. Et, le radical *vision*. Ainsi, la vision ne saurait venir avant la provision. Au contraire. Dieu s'assure d'abord de toutes les provisions nécessaires utiles à l'accomplissement de la vision avant de vous la communiquer. En d'autres termes, si vous recevez une vision divine c'est qu'il a déjà pourvu à la provision. Alors, foncez en ayant la conscience de sa présence et de son assistance.

Lorsque l'Eternel Dieu demanda à Abraham d'offrir son fils Isaac en holocauste sur la montagne. Ce dernier s'exécuta, en chemin, le fils demande au père : Voici le feu et le bois ; mais où est l'agneau pour l'holocauste ? La réponse d'Abraham fut : Dieu se pourvoira lui-même de l'agneau (Genèse 22).

Dans la suite de l'histoire au verset treize vous verrez qu'Abraham trouva un bélier pris par les cornes dans un buisson. Vous comprenez bien qu'Abraham n'est pas monté avec un animal. Le sacrifice s'était son fils. Alors qui a amené ce bélier là ? La réponse, Abraham l'avait déjà donné : « Dieu se pourvoira lui-même ». C'est-à-dire, la provision avait déjà été placée sur la montagne avant qu'Abraham n'atteigne la montagne ; le bélier attendait Abraham.

Même à la création, avant de placer l'Homme dans le jardin d'Eden, Dieu s'est d'abord assuré de placer toutes les provisions nécessaires, par rapport à la vision qu'il avait pour l'Homme. Dieu a créé un environnement propice afin que l'Homme accomplisse pleinement la vision qui lui serait confiée par son créateur. Ainsi, je dirais : Si Dieu vous donne une vision c'est qu'il a déjà accordé la provision.

Aussi, sur le chemin de notre destiné, des stations d'approvisionnement sont disposées. C'est à nous de les reconnaitre. Les comptoirs sont placés tout au long du chemin (des personnes, des connexions, des connaissances, des partenaires etc.). Bien souvent au lieu de détourner un temps soi peu nos regards des obstacles devant nous et de voir ce que Dieu a déjà pourvu, on reste fixé sur ce qui nous bloque.

Quand vous lisez bien Genèse 22, vous verrez dans plusieurs versions que pour qu'Abraham voie le bélier, il est dit qu'il regarda « derrière lui ». Chose invraisemblable : *« Abraham leva les yeux, et vit derrière lui un bélier retenu dans un buisson par les cornes... »* (v13).

Lorsque nous levons les yeux logiquement c'est pour voir devant nous et non derrière nous. Ici, j'aimerais nous faire comprendre que la provision pour nos vies a été accordée derrière nous, il y a plus de deux mille ans sur la croix. C'est à nous de lever nos yeux vers l'avenir et de voir derrière nous l'œuvre accompli de Christ et la saisir pour éviter de se battre. Le bélier avait été pris par les cornes, donc plus besoin de se battre. Il suffit pour nous de nous reposer par la foi sur l'œuvre parfaite et complète de Jésus-Christ.

A la montagne de l'Eternel il a été pourvu pour Abraham. Et à la montagne du calvaire aussi il a été pourvu pour nous. L'agneau a été sacrifié à notre place.

Si Dieu est l'auteur d'une vision, il est aussi le responsable de la provision et de la réalisation de cette dernière. Ne cherchons pas à aider Dieu par nos méthodes de logique humaine. Car, Dieu a choisi les choses folles du monde pour confondre les sages ; et les choses faibles pour confondre les fortes.

Chapitre 2
LE SOUVENIR

(V25). « Mon enfant SOUVIENS-TOI que tu as reçu tes biens pendant ta vie »

(Ephésiens 2 : 13) « Vous étiez morts par vos offenses et par vos péchés, dans lesquels vous marchiez autrefois, selon le train de ce monde, selon le prince de la puissance de l'air, de l'esprit qui agit maintenant dans les fils de la rébellion. Nous tous aussi, nous étions de leur nombre ».

Beaucoup de chrétiens ont du mal à aller vers les non-croyants parce qu'ils ont perdu le souvenir d'avoir offensé Dieu un jour. Comme ils n'ont jamais commis de péché grave selon eux tel que forniquer, voler, tuer, commettre l'adultère etc. ils se sentent supérieurs aux autres. D'autres par contre ne se sont jamais repentis sincèrement, c'est-à-dire qu'ils n'ont jamais ressenti ce sentiment de regret d'avoir attristé Dieu par leur manière de vivre et qu'en vérité ils méritaient la mort, mais Dieu a fait grâce. Ainsi, ils montrent leur reconnaissance en témoignant et en parlant de Jésus. Cependant, ils méprisent et prennent de haut les païens. Ils pensent qu'au vu de leur performance, leur CV spirituel, ils méritent la grâce de Dieu. Quel souvenir as-tu de toi ? Comment te vois-tu ? Nombreux vivent dans leur propres illusions.

Nous n'avons pas de jugement à faire, juste la bonne nouvelle à annoncer. Si tu savais vraiment que tu étais mort sans Christ, tu comprendrais très bien les non-croyants et tu aurais le souci, le fardeau de les amener à Christ pour être sauver.

Si nous disions comme l'apôtre Paul : « C'est une parole certaine et entièrement digne d'être reçue, que Jésus-Christ est venu dans le monde pour SAUVER LES PECHEURS, DONT JE SUIS LE PREMIER. Mais j'ai obtenu miséricorde, afin que Jésus Christ fit voir en moi le premier toute sa longanimité, pour que je servisse d'exemple à ceux qui croiraient en lui pour la vie éternelle » (1 Timothée 1 : 15-16).

Vous savez, même l'orgueil n'est pas une question de façon de parler ; à tort, on a toujours traité d'orgueilleuses les personnes au ton fort ; et les calmes, de personnes humbles. A côté, l'orgueil est subtil et c'est plus que ça. L'orgueil est une question de comment tu te vois, de ce que tu penses de toi-même par rapport aux autres et par rapport à Dieu dans ton for intérieur.

Un jour lors d'une évangélisation porte à porte dans un quartier résidentiel, la sœur chez qui cela se faisait refusa qu'on aille évangéliser les quartiers sous intégrés environnants parce qu'elle ne voulait pas que ce genre de personnes malfamées viennent prier Christ dans son salon. Il fallait des personnes de la même classe qu'elle, de son rang. Je ressenti une profonde peine à cet instant.

J'ai compris à travers des lectures que l'orgueil est frère siamois de l'arrogance. Non seulement l'orgueil nous amène à croire que nous sommes au-dessus des autres mais encore, il amène à mépriser les plus faibles et les plus pauvres que nous. Tandis que l'arrogance conduit à regarder ses actes, même ses actes de piété et ses possessions avec admiration. Ainsi, l'orgueil et l'arrogance sont consubstantiels. Autrement dit, l'orgueil dépend du cœur et l'arrogance des actes de la personne. Ces deux maladies de l'âme ont pour mère l'égoïsme.

Nul n'est meilleur que les autres au contraire, nous sommes tous le fruit de la grâce de notre Seigneur Jésus-Christ. Nous étions tous loin de Dieu dans le monde, vendu au péché et privés du droit de cité.

Que tu viennes à l'église ou pas, que tu trouves des alibis et des excuses ce n'est pas grave. Mais sache qu'il y a deux rendez-vous que toi et moi ne manquerons pas : LA MORT ET LE JUGEMENT.

Dans (Apocalypse 20 : 11), Jean dit : « je vis un grand trône blanc et celui qui était assis dessus. La terre et le ciel s'enfuirent devant sa face. Et je vis les morts, les grands et les petits, qui se tenaient devant le trône. Des livres furent ouverts. Et un autre livre fut ouvert, celui qui est le livre de vie. Et les morts furent jugés selon leurs œuvres, d'après ce qui était écrit dans ces livres ».
Au stade où vous en êtes dans votre marche chrétienne, que pensez vous qu'on a pu avoir écrit dans ces livres à votre sujet ? Réfléchissez un instant en regardant votre manière de vivre (vos œuvres et actions secrètes). A chacun de nous de méditer là-dessus ; sur ce que nous faisons en présence et en l'absence des gens : c'est ce qui est écrit et non ce que nous montrons et voulons faire croire et voir aux autres à l'église ou lors des réunions.

La consécration véritable consiste à faire en l'absence de tout le monde ce qu'on ferait en présence de tout le monde.

Souvenons nous aussi de comment Jésus traitait les pécheurs ; quel regard posait-il sur eux ? Son regard sur les prostituées, les lépreux, les menteurs, les voleurs, les misérables… et pose toi la question sur le regard que toi, tu poses sur eux. Souviens-toi de toutes les fois où tu as détourné ton regard, que tu as même méprisé l'un d'entre eux. Mérites-tu d'être là où tu es ? Si la réponse est oui, désolé de te le dire, tu n'as pas encore rencontré la grâce de Dieu et tu ne la connais pas. La bible dit : « Si tu gardais le souvenir des iniquités, Eternel, Seigneur qui pourrait subsister ? » (Psaumes 130 : 3) ;

Ne soyons pas des fils aînés de la parabole du fils prodigue qui accusent leurs frères plus jeunes d'avoir dilapidé les biens avec les prostituées. C'était là sa supposition. Rien de cela n'avait été mentionné jusqu'ici. Mais le père ne chercha pas à savoir si l'accusation était vraie ou fausse, il ne chercha non plus à connaitre ses péchés ; il ne vit que le triste état de son fils. C'était en effet un homme mort et perdu, ayant besoin d'être aimé de nouveau pour revivre. Nous aussi étions tous comme ce fils prodigue mais, la grâce de Dieu nous a localisée. Pourquoi alors se vanter ? Pourquoi mépriser ceux pour qui Christ est mort ?

Le sens étymologique et primitif de « se souvenir » c'est venir à l'esprit ; autrement dit, venir en mémoire. Alors qu'est ce qui te vient à l'esprit quand tu vois un pécheur ou quand tu te vois? Quel souvenir as-tu?

« ...Je suis venu non pour juger le monde, mais pour sauver le monde » (Jean 12 : 37) ;

Jésus s'est identifié à toi et à moi, c'est ainsi qu'il s'est fait péché pour nous. Te souviens-tu que nous fussions errants comme des brebis, chacun cherchant sa propre voie ? Te souviens-tu qu'à cause de notre péché nous étions destinés à mourir ? Te souviens-tu que Dieu ait été patient envers toi ? Te souviens-tu de l'Amour inconditionnel du Seigneur pour toi ? Si seulement sa patience avait des limites comme la notre qu'adviendrait-il de nous ? Et si son Amour était plein de conditions ?

Ce que Jésus attend de nous c'est que nous soyons comme il a été et fassions comme il a toujours fait.

L'Eglise aujourd'hui s'isole, et évite les non-croyants, les considérant ainsi comme des intouchables. Elle a oublié que nous étions tous de ce nombre et que c'est le sang de Christ qui nous a purifié et nous a rendu digne d'être appelé ses enfants, et que nous tous, chacun pour sa part, est le fruit de la grâce divine. En retour, il nous est demandé de « veillez à ce que nul ne se prive de la grâce de Dieu... (Hébreux 12 : 15). Combien de personnes avons-nous privé et privons nous encore de la grâce de notre Seigneur Jésus-Christ ? Sur nos lieux de travail, dans nos familles, parmi nos ami(e)s et connaissances etc.

Nous ne méritions rien et nous ne méritons rien, car tout est grâce. Ici l'église c'est toi et moi, s'est chacun pris individuellement d'abord avant l'assemblée.

Nous serons au jour du Seigneur jugés individuellement et non collectivement. Chacun en fonction de ses œuvres, des œuvres que Dieu avait prévu d'avance pour chaque personne. En effet, Dieu a préparé d'avance pour nous de bonnes œuvres afin que nous les pratiquions (Ephésiens 2 :10). Voilà pourquoi je préfère écrire église avec petit « e ».

Chacun rendra compte pour lui-même. C'est dire que si vous n'évangélisez pas ce n'est pas la faute de l'équipe d'évangélisation au sein de votre église. Le département évangélisation au sein de l'église, n'est qu'une organisation humaine. Mais le fait de gagner des âmes à Christ c'est une responsabilité personnelle propre à tout disciple de Christ. Ce n'est pas l'apanage des évangélistes. Et ma recommandation pour nous est celle que Paul donna à son fils Timothée en (2 Timothée 4 : 1-5) :

« Voici ce que je te demande avec force devant Dieu et devant le Christ Jésus qui viendra juger les vivants et les morts et qui va paraître comme roi : annonce la parole de Dieu, insiste toujours, même si ce n'est pas le bon moment. Corrige les erreurs, fais des reproches et encourage avec beaucoup de patience en cherchant à toujours enseigner […] supporte la souffrance, travaille à annoncer la bonne nouvelle, sois un parfait serviteur de Dieu ». (Version parole de vie).

C'est là ce que le Seigneur attend de nous bien-aimés. Il s'adressait à Timothée seul, pas au groupe. C'est toi, c'est moi

Timothée. L'annonce de l'évangile t'incombe à toi tout comme à moi. Que faire alors ?

« Souviens-toi donc d'où tu es tombé, repens-toi, et pratique tes premières œuvres ; sinon, je viendrai à toi, et j'ôterai ton chandelier de sa place, à moins que tu ne te repentes » (Apocalypse 2 : 5).

La version du Français courant dit : « De quelle hauteur tu es tombé ! Prends-en conscience, change d'attitude et agis comme tu l'as fait au commencement. Si tu refuses de changer, je viendrai à toi et j'enlèverai ta lampe de sa place ».

Nous devons prendre conscience de notre mauvaise attitude face au monde perdu et nous repentir, changer notre regard et l'aligner sur le regard de Christ sur les perdus.

Quelqu'un qui n'est pas intéressé par le salut des âmes est en chute progressive dans l'échelle d'estime de Dieu. Car ceux qui gagnent beaucoup d'âme pour Christ font sa joie et donc montent dans son estime.

Paul a dit à Timothée : « Je rends grâces à Dieu, que mes ancêtres ont servi, et que je sers avec une conscience pure, de ce que nuit et jour JE ME SOUVIENS continuellement de toi dans mes prières » (2 Timothée 1 : 3).

Voici ce que Dieu attend de nous, ce genre de souvenir. Se souvenir des perdus dans nos prières. Et l'adverbe « continuellement » que Paul utilise ici *adialeiptôs* exprime ce qui est ininterrompu, soutenu et incessant. Ne gardons pas le souvenir de leurs péchés. Mais souvenons-nous d'eux dans nos vives instances de prière.

L'autre pan du souvenir est celui mentionné dans Galates 2 : 10 :

« Jacques, Céphas et Jean, qui sont regardés comme des colonnes, me donnèrent, à moi et à Barnabas, la main d'association, afin que nous allions, nous vers les païens, et eux vers les circoncis. Ils nous recommandèrent seulement de NOUS SOUVENIR des pauvres, ce que j'ai eu bien soin de faire ».

Ce n'est pas une demande d'ordre doctrinale mais pratique et concrète. « Les colonnes » c'est une expression juive pour décrire les grands docteurs recommandaient particulièrement de ne pas oublier les besoins des croyants de Jérusalem et de Judée. Et Paul a toujours fait de son possible, il a toujours eu soin de le faire à travers les collectes pour les saints dans le manque et les dons. Paul a toujours encouragé les chrétiens qui sont prospères à aider les frères dans la foi qui sont dans le besoin. Et cela tant sur le point spirituel qu'économiquement. En Romains 15 : 27, il dit « si les païens ont eu part à leurs avantages spirituels, ils doivent aussi les assister dans les choses temporelles [matérielles] ».

Souvenons-nous donc que la foi ce n'est pas seulement dire que Christ fera et de garder la foi malgré le manque et l'adversité. C'est aussi que Christ veut faire et il fera avec nous, à travers nous, par nos possessions et nos avoirs pour aider notre prochain.

Chapitre 3
LA COMPASSION

(V24) « AIE PITIÉ de moi »

Evangéliser c'est s'intéresser, se soucier, et prendre soin de la partie essentielle de l'être de votre prochain : SON ÂME. L'expression qui caractérise le ministère de Jésus est : « Jésus ému de compassion ».

- « ému de compassion pour une foule languissante et abattue », (Matthieu 9 : 36) ;
- « ému de compassion pour une grande foule avec les malades », (Matthieu 14 : 14) ;
- « ému de compassion pour une foule qui n'a rien à manger », (Marc 8 : 2) ;
- « ému de compassion pour un lépreux qu'il va purifier », (Marc 1 : 41) ;

Aujourd'hui comme en ces temps là, la détresse nous entoure de toutes parts. Quelle est notre attitude ? Loin d'être indifférent devant la souffrance qu'il côtoyait chaque jour, Jésus était ému de compassion. La compassion c'est être remué au plus profond de son être, c'est aussi être saisi dans ses entrailles.

Je ne parle pas de la fausse compassion que nous pouvons ressentir dans nos émotions et non pas dans nos entrailles, car le diable va chercher à nous employer comme un ou des faux sauveurs dans des situations que traversent certaines personnes de notre entourage. Surtout quand il s'agit d'une femme envers un homme en difficulté et vice versa. Elle/il va ressentir de la compassion, dans ses émotions en faveur de cette femme. Il la prendra en pitié. Le diable saura l'employer comme faux sauveur avec une fausse compassion ; une compassion charnelle qui prendra la place des sentiments du véritable Sauveur. Ca, c'est de la simple commisération.

Romains 12 :15 dit de pleurer avec ceux qui pleurent certes, mais pas des larmes de crocodile, ni de la sensiblerie ; Plutôt l'expression d'une véritable compassion. Le mot compassion signifie « souffrir avec » ; le verbe original signifie littéralement « pleurer des yeux et de la voix » c'est-à-dire avec sanglot. Ainsi, la compassion est visible et concrète.

Je ne parle pas de la pitié. Car, on peut avoir pitié de quelqu'un et en rester là. Il ya plus de regards hautains dans la pitié et de la supériorité apparente que de la sympathie. La compassion est bien différente. Elle va au-delà du simple sentiment. La véritable compassion nous pousse à l'action en faveur de celui qui en est l'objet. C'est ce que Jésus n'a cessé de démontrer dans son ministère. Prêcher la vérité sans amour revient à embrasser quelqu'un fortement avec une haleine de fosse septique.

La compassion ne tient pas compte des différences et des origines. Elle est arrêt de cassation de toute distance entre le jugement rendu par notre moi et notre prochain.

A Naïn devant le cortège funèbre, Jésus est ému de compassion pour la veuve qui a perdu son fils unique. Il dit à la veuve : « ne pleure pas ». Est-ce un conseil ? Un ordre ou un reproche ? Non, c'est un mot d'amour, une parole d'espérance et d'empathie en tant que fils unique lui même. Voyons-nous, tous ces cortèges funèbres qui passent autour de nous chaque jour ? Faites avec moi cette prière :

Père céleste, ouvre mes yeux aux besoins réels de ce monde Donnes-moi Seigneur la compassion et la passion des âmes perdues. Que mon cœur fonde face à la détresse des hommes. Utilises-moi pour sauver des vies et gagner des âmes grâce à ton évangile. Au nom de Jésus, Amen !

Si tu n'arrives pas à parler de Jésus à quelqu'un ce n'est pas une question de peur ou de timidité. C'est l'absence de compassion. Car la passion pour le salut des âmes est enfantée par la compassion. Un évangile sans Amour est comme du sel sans saveur ou un parfum sans odeur ; c'est comme un soleil sans lumière. L'amour est le mobile de la venue de Jésus.

Beaucoup aujourd'hui veulent gagner des âmes, non pas pour le Seigneur mais pour grossir les effectifs de leurs églises. Ils cherchent et invitent des personnes à venir à eux, pas à Christ. Des femmes priant pour la conversion de leurs maris non pas pour qu'ils soient sauvés et servent Dieu, mais pour qu'ils soient des bons maris pour elles. Le nom de Jésus étant devenu un hameçon, ils s'en servent à leurs fins au lieu de s'en servir pour la gloire de Dieu. Mais, sachons que notre cœur sera éprouvé par le feu, et ce que nous aurons accompli pour nous-mêmes sera manifesté comme du bois, du foin et du chaume au lieu d'or, d'argent et de pierres précieuses d'amour.

Avoir les mêmes résultats que Christ et la même irradiation (expansion rayonnante) que lui est possible à condition d'avoir le degré de sa compassion.

Pourquoi il y a tant de frustrations entre frères et sœurs ? Tant de blessures laissées sur l'âme des autres ? C'est parce nous ne suivons pas Christ et ne l'imitons pas concrètement ; d'où, ces traces de blessures émotionnelles. En effet, celui qui marche dans les pas du Christ ne laisse pas de trace.

La compassion nous rend sensible aux besoins du prochain, à son état par rapport à la vie après la mort. Cette sensibilité nous fait sentir la douleur de Dieu face à sa créature qui périt et meurt sans lui.

Le Révérend Martin Luther King disait : « La vraie compassion ce n'est pas jeter une pièce à un mendiant ; c'est comprendre la nécessité de restructurer l'édifice même qui produit des mendiants ».

C'est dire donc que la compassion va au-delà de l'ébullition émotionnelle qui nous donnerait la fausse satisfaction de notre humanité. La pitié est humaine, mais la compassion est divine.

Aussi, il convient de rappeler aux croyants que la sensibilité n'est pas de la sensiblerie. En effet, la sensiblerie est la déviance de la sensibilité compatissante.

La sensiblerie ne repose pas sur le socle de la parole de Dieu. Au plus haut point émotionnelle, superficielle et passagère comme un coup de foudre, la sensiblerie repose à l'origine sur un mensonge : « le mensonge sensoriel ».

Le sensible-compatissant sait ; il est conscient que sa bonté ne saurait être convention sans discernement ou convenance sans conviction pour se laisser couler dans le vaste moule trompeur du religieusement correct.

La compassion ne saurait être compassion sans charité. Tout comme la foi ne saurait être foi sans les œuvres. Ainsi, la charité c'est cet élan du cœur, ce mouvement d'amour divin qui nous fait sortir à la rencontre de l'humanité en souffrance.

La charité n'est donc pas le simple fait de donner ce que j'ai de superflu et de se dire que j'ai posé une bonne action qui me sera imputé à justice. Ce n'est non plus une question de poser des actes solidaires. La source de nos actions charitables est tout aussi importante et bien plus importante même que les actions.

L'Eglise, dans un élan de cœur rempli d'Amour doit savoir aller en aide aux plus démunis. Les églises doivent dépasser leurs petits cercles chrétiens et aller à la rencontre des marginaux. Pourquoi ne pas ouvrir des cases d'écoute chrétiennes afin de recevoir toutes ces personnes blessées, abandonnées, violées et violentées afin de leurs annoncer la bonne nouvelle de l'Amour de Dieu pour eux et prier pour leur délivrance? Donner de notre temps dans ce monde qui se confine dans l'indifférence et l'insensibilité ; C'est cela la compassion ; restaurer des habitations délabrées de certaines personnes pauvres et par l'évangile en faire des foyers de l'évangile avec ces personnes gagnées au préalable à Christ.

Manifester la charité

Le proverbe populaire selon lequel « charité bien ordonnée commence par soi-même » est le propre des égoïstes. Parce qu'il veut dire qu'il faut penser à soi avant de s'occuper des autres.

Un jour un de mes amis me sortit ce proverbe pour se servir en premier, ce qui est anti-scripturaire. En effet, le christ nous demande de renoncer à nous-mêmes et de penser d'abord aux autres. Il dit qu'il n ya pas de plus grand amour que de donner sa vie pour ses amis (Jean 15 :13). Aussi, il est écrit qu'il ya plus de bonheur à donner qu'à recevoir ou encore, que personne ne cherche son propre intérêt, mais que chacun cherche celui d'autrui (1 Corinthiens 10 :24). Vous comprenez donc que cet axiome découle d'un cœur égoïste et dénué d'amour divin.

Dans le monde par exemple, on parle beaucoup d'œuvres caritatives. Mais, de quoi il est fondamentalement question ? Il s'agit de distribuer des biens, des ressources, de l'argent aux pauvres et aux démunis ? Laissez-moi-vous dire que ceci concerne beaucoup plus le mouvement humaniste qu'un mouvement salvifique. Ce n'est donc pas de la compassion réelle ; car la compassion relève du divin.

Tout homme qui, sans christ Jésus dans sa vie, pose des actions caritatives, opère dans la sphère naturelle de l'humanitaire. La compassion et la charité selon Dieu n'ont pas un appel dans l'humanitaire bien que pouvant opérer dans cette sphère. Toutefois, n'inversons pas l'ordre des choses.

La charité trouve son sens dans l'Amour divin et elle n'a ni âge, ni race ; elle n'est ni pauvre ni riche. Elle va au-delà de la simple distribution de nourriture et de vêtements. Il ya beaucoup plus d'amour propre dans les actions caritatives que d'amour véritable. Les personnes nantis, les politiciens, certains serviteurs de Dieu médiatisent leurs actions dans le but d'être vue et de gagner en popularité. Ce n'est pas de la charité mais plutôt de la duplicité.

Nous observons aujourd'hui à la naissance de plusieurs fondations portant les noms divers avec des bienfaiteurs immensément riches qui mettent à la disposition de ces dernières de millions et de milliards de dollars. « De Bill Gates à Warren Buffet » en passant par les stars d'Hollywood et pleins d'autres acteurs du grand écran et des vedettes du sport etc.

A l'instar de ces hommes, d'autres personnalités mettent leur fortune et leurs carnets d'adresse au service des autres. Pensant se payer ainsi une place, au ciel avec ce nouveau principe du capitalisme qui n'est autre que le « philanthrocapitalisme ». En effet, c'est un néologisme d'origine anglaise en rapport avec l'économie et la finance. Il désigne les principes du capitalisme appliqués au domaine caritatif[2]. Mais sachez qu'aucune œuvre, aucune somme d'argent aussi rondelette soit-elle ne pourra apaiser la colère de Dieu contre vous excepté la foi en l'œuvre accompli de Christ-Jésus. L'Eglise est la colonne de la vérité. Alors nous devons agir en temps que tel. La foi sans les œuvres nous dit l'apôtre Jacques est morte. Ainsi, tout homme qui fait des

---

[2] Dictionnaire français, extrait du Wiktionnaire, Français 3.9

œuvres caritatives sans la foi en Jésus est un simple humaniste ou un philanthrope. Car les œuvres sans la foi sont vides. Elle fait certes du bien aux hommes mais devant Dieu elle ne vaut rien, car, il ne l'agrée pas selon qu'il est écrit que sans la foi il est impossible d'être agréable à Dieu, (hébreux 11 : 6).

L'humanisme se centre sur l'intérêt des hommes et de l'humanité ; c'est la valorisation de l'humain avant tout. Et c'est une transgression des principes divins. Même la philanthropie doit découler de l'Amour que nous avons au préalable pour Dieu. N'inversons pas l'ordre des choses sinon c'est du désordre. Le christianisme est christocentrique.

La bible ne dit-elle pas que : Tu aimeras le Seigneur, ton Dieu de tout ton cœur, de toute ton âme, de toute ta force, et de toute ta pensée ; et ton prochain comme toi-même ? (Luc 10 : 27).

Il est dommage de voir certaines églises qui croient « être agréables » à Dieu en faisant de bonnes œuvres pour être vues du monde et approuvées et non pour être vues de Dieu et approuvées par lui. Tout ce que l'Eglise fait doit être centré sur la gloire de christ, avec une portée éternelle et non temporelle.

Nous ne devons pas être en marge de ces bonnes actions et œuvres sociales ; non pas pour être au premier plan mais pour que Christ soit vu et glorifié à travers nos bonnes œuvres. Jacques nous dirait aujourd'hui : « la religion pure et sans tache devant Dieu notre Père, consiste à visiter les orphelins et les veuves dans leurs afflictions, et à se préserver des souillures du monde ». A nous de la pratiquer.

Chapitre 4
LA SOIF

(V24.) « …qu'il trempe le bout de son doigt dans l'eau et ME RAFRAICHISSE LA LANGUE ; Car je souffre cruellement dans cette flamme »

Tout ce que peut nous offrir ce monde ne sert qu'à nourrir notre être charnel physique. Mais nous avons besoin de plus. C'est Dieu seul qui peut rassasier nos âmes. La soif de Dieu et de sa parole aideront à sortir de la torpeur, de l'immobilisme spirituelle parce qu'elle nous pousse à agir. La soif fera aussi sortir de ce désert dans lequel se trouvent les hommes.

- **La soif des non-chrétiens.**

Dans Jean 4 : 7-15 il nous est relaté l'histoire de la femme samaritaine. Cette femme représente le monde qui a soif, les gouvernements et leurs peuples qui ont soif de paix, de justice, de sécurité… Ils ont essayé avec toutes les cruches (sectes et cercles ésotériques, Franc-maçonnerie, Rose-croix, sectes pernicieuses, organismes et organisations mystiques, vaudou, rites coutumiers africains etc.), impossible d'étancher leur soif. Ils ont tenté de puiser dans les puits du dialogue, des accords, des partenariats, de la science, de la tradition, de l'argent, du sexe, des initiations, des drogues, des sacrifices d'animaux et humains etc. mais en vain. La femme samaritaine vivait l'insatisfaction existentielle de celui qui n'a pas encore trouvé ce qu'il recherche. C'est la soif de l'âme et pas de la chair. C'est à l'Eglise que Dieu a confié la tâche de faire comprendre cela au monde.

Jésus, après avoir demandé à boire à cette femme, lui offrit « l'eau vive capable de combler sa soif ». « Dieu a soif de notre soif pour lui », l'Esprit-Saint, symbolisé par l'eau vive dont parlait Jésus, est justement ce pouvoir vital, cet être qui calme la soif la plus profonde de l'homme et lui donne la vie totale, cette vie qu'il cherche et attend sans la connaître.

Le diable insinue que c'est le pain, c'est-à-dire la satisfaction matérielle qui peut rassasier l'Homme. Ce qui est un dangereux mensonge parce qu'il ne contient qu'une part de vérité. L'homme, en effet, vit de pain, mais pas seulement de pain. La réponse de Jésus dévoile le mensonge de cette position : « Ce n'est pas de pain seul que vivra l'homme mais de toute parole qui sort de la bouche de Dieu » (Matt 4 :4).

David s'est écrié « *Mon âme a soif de toi* !» La soif et la faim de l'âme ne peuvent être comblées ou satisfaites avec des choses terrestres comme le corps. L'Homme a été créé pour être en communion avec son créateur. Cependant, à cause du péché, cette communion a été brisée, laissant ainsi un vide en lui. Depuis, l'homme est à la recherche de cet état de félicité d'autrefois. C'est dans ce sens qu'un philosophe affirma : « il y'a dans le cœur de l'homme un vide qui a la forme de Dieu ». C'est comme un puzzle où l'on recherche la bonne pièce manquante pour l'achever.

La bonne pièce pour achever le puzzle de la vie de l'Homme, c'est Christ, son œuvre accompli à la croix du calvaire. Car, à la croix, Jésus a comblé la soif de l'humanité. Il a dit *« J'ai soif »* (Jean 19 : 28) ; ce « Je » était un « Je » de majesté s'identifiant à sa création, à l'humanité entière. Un soldat remplit une éponge de vinaigre ; quand Jésus eut pris le vinaigre, il dit : *« Tout est accompli »* ; Il a bu, sucé tout le vinaigre, l'amertume de l'humanité pour que nous puissions bénéficier de « l'eau vive ». L'homme, au fond, a besoin d'une seule chose qui contient tout et qui est tout : JESUS.

Jésus a dit que dans les années qui précèderont son retour, plusieurs viendront sous son nom et ils séduiront beaucoup de gens (Matthieu 24 :5). De faux enseignants prêcheront un autre Jésus et un évangile différent en contradiction avec les Écritures. POURQUOI ? La réponse se trouve dans la prophétie d'Amos 8 : 11-12 :

« Voici, les jours viennent, dit le Seigneur l'Éternel, où j'enverrai la famine dans le pays, non pas la disette du pain et la soif de l'eau, mais la faim et la soif d'entendre les paroles de l'Éternel. Ils seront alors errants d'une mer à l'autre, du septentrion à l'orient, ils iront çà et là pour chercher la parole de l'Éternel, et ils ne la trouveront pas »

Des foules de docteurs vont diluer la parole à cause de la soif et de la faim des hommes. Ils exploiteront en effet cette situation pour non seulement faire commerce ; mais aussi pour séduire, abuser et tirer partie de cette famine.

Ne sommes- nous pas dans l'accomplissement de cette parole des écritures ? Combien de personnes errent aujourd'hui d'une mer à l'autre pour rencontrer des soi-disant « puissants hommes » ? Combien ne vont-ils pas du Nord au Sud, de l'Est à l'Ouest pour qu'une prophétie leur soit dite ? C'est la soif et la famine spirituelle.

Malheureusement, beaucoup de prédicateurs exploitent cette soif et cette famine du monde au lieu de prescrire Christ ils se mettent eux, en avant. Que font-ils ? **Jérémie 5 : 28-31** nous le dit :

« Ils s'engraissent, ils sont brillants d'embonpoint; ils dépassent toute mesure dans le mal, ils ne défendent pas la cause, la cause de l'orphelin, et ils prospèrent; ils ne font pas droit aux indigents. Ne châtierais-je pas ces choses-là, dit l'Eternel, ne me vengerais-je pas d'une pareille nation ? Des choses horribles, abominables, se font dans le pays. Les prophètes prophétisent avec fausseté, les sacrificateurs dominent sous leur conduite, et mon peuple prend plaisir à cela. Que ferez-vous à la fin ? »

Les Prophètes prophétisant pour leurs estomacs et leurs poches profitent pleinement de la misère, des souffrances des hommes pour se faire du beurre. Les « spécialistes » du combat spirituel monnayant les délivrances. Mais Dieu voit cela et agira en conséquence. Regardez un peu vos prédications et vos prophéties. Vos prédications sont-elles des réactions ou des révélations ? Dieu nous jugera plus sévèrement. Vous dites aux païens ce qu'ils veulent entendre : des promesses de mariage, de travail, de prospérité etc. Alors que leur plus grande soif n'est pas celle là. Ils ont besoin de Christ, d'être d'abord réconciliés avec Dieu afin d'éviter sa colère. Vous devez le savoir prédicateurs.

L'âme des non croyants qui a soif, bien souvent, ne connait pas la nature spirituelle de l'eau après laquelle elle soupire. Or, le diable, lui, le sait et en profite dès qu'il voit la soif pour proposer toutes sortes d'eaux souillées et polluées, translucide mais empoisonnées. Ainsi, des hommes et des femmes iront de déception en déception sans trouver la paix véritable. Et pendant ce temps, les chrétiens prêchent autre chose qui n'a rien avoir avec l'évangile du royaume.

Je ne crois pas en un évangile de prospérité. Cependant, un évangile qui ne fait pas prospérer l'Homme dans ses trois dimensions (esprit-âme-corps) n'est pas biblique.

Si votre enfant de trois ans venait vous demander à l'heure du diner des chips les lui donneriez vous ? Et Jésus l'a bien exprimé en disant : « Quel est parmi vous le père qui donnera une pierre à son fils, s'il lui demande du pain ? Ou, s'il demande un poisson, lui donnera –il un serpent au lieu d'un poisson ? » Vous voyez. En temps que leaders nous sommes des pères. Ainsi, nous ne nous fions pas aux désirs des hommes, des membres mais, il faut identifier les besoins. Sauf pour les « ministères Business » qui regorgent des « pasteurs vampires » et « mercenaires ». Beaucoup de sectes naissent aujourd'hui proposant des solutions magiques parce que la soif des hommes devient de plus en plus intense et l'Eglise est nonchalante pendant que les autres s'attèlent chaque jour à égorger et dépouiller les brebis et les créatures de Dieu.

- **La soif des Chrétiens.**

Les chrétiens sont dans la distraction et le divertissement spirituel. Ils n'ont plus soif de Dieu, ni de sa pure puissance miraculeuse ; c'est plus facile de commander des chevalières et des bagues chargées et énergisées chez des magiciens ; ils n'ont plus soif de sa parole qui guérit, encore moins soif de le voir délivré des âmes, ressusciter les morts, guérir les malades, et sauver les hommes. Ils ne croient plus à la pure puissance divine qui caractérise le royaume de Dieu et ils ne veulent plus payer le prix du ministère (le sacrifice). Voilà pourquoi les gens vont chez des prophètes de baal. C'est ça le problème de l'Eglise aujourd'hui : le manque de soif et de faim pour Dieu. Les gens sont au préalable rassasiés et comblés.

La soif et la faim sont des sensations provoquées par la privation de boisson et de nourriture. Quand un homme a faim et soif, il a des maux de tête, des gastriques ; il est nerveux et fatigué. Ce sont des symptômes qui accompagnent la faim et la soif.

Si dans vos églises vous notez ces symptômes chez vos membres, c'est qu'ils ont besoin de quelque chose que vous ne leurs donnez pas. Ou du moins, ils sont depuis longtemps dans une attente non réalisée, un exaucement ou autre. Alors, avisez. Invitez un ministère qui a la grâce que vous n'avez pas pour le bien-être de vos membres, car l'Eglise est un corps.

De même, la soif spirituelle est une sensation provoquée par la privation de boisson et de nourriture que sont : le Saint-Esprit (présence de Dieu : la boisson) et la parole de Dieu (nourriture).Et comme la première soif, celle-ci est aussi accompagnée de symptômes tels que le vide intérieur, les pleurs, ou encore le désir de crier, de prier, de jeûner, d'adorer, de rechercher Dieu. Avez-vous ces manifestations ou ces symptômes ?

La soif et la faim de Dieu nous amènent à affirmer que:

- je suis fatigué de moi-même ;
- je suis fatigué de ma religiosité ;
- je suis fatigué du terrestre ;
- je veux te connaitre, toi, la puissance de ta résurrection, et la communion de tes souffrances ;
- Je ne suis pas satisfais de ma marche chrétienne ;
- Je veux plus de toi Seigneur ; plus de ta ressemblance ; plus de ta puissance, de ton onction ;

Le problème n'est pas Dieu mais notre manque de soif. Une petite soif engendre une petite dimension et une grande soif engendre une grande profondeur. Tout dépend de nous. C'est pourquoi les véritables assoiffés sont toujours poussés à se mettre à part pour Dieu. La soif et la faim sont des manifestations d'une carence de ce qui est vital, fondamental et indispensable c'est-à-dire des choses sans lesquelles la vie serait impossible. Raison pour laquelle, on ne peut parler de la soif d'une voiture, d'un vêtement ou d'une maison, car sans elles, l'homme peut vivre. Mais sans eau, sans nourriture et sans Dieu, la vie est complètement impossible.

Moi j'ai soif de Dieu, je veux plus de lui. Voilà pourquoi certains cultes me fatiguaient parce que vides et plats. Voilà pourquoi je restais toujours sur ma soif après un service ou après avoir pris part à certains cultes où on n'a pas eu vraiment soif de sa puissance, de sa présence et de sa manifestation. Aussi, si vous avez une grande soif et qu'on vous sert juste un demi-verre d'eau, vous en demanderez encore. Le problème c'est que ceux qui servent n'ont pas une quantité d'eau suffisante pour étancher votre soif, car on ne peut donner que ce qu'on a. Alors désirez plus ! Ne soyez pas satisfaits !

Le monde aujourd'hui a une plus grande soif et une plus grande faim qu'auparavant. Si l'Eglise a plus soif aussi, Dieu accordera une plus large quantité de puissance et d'onction pour pouvoir répondre à la soif du monde. Comme je l'ai dit plus haut, le Seigneur à soif de notre soif pour agir, pour ouvrir les écluses des cieux.

Aujourd'hui des magiciens aux États-Unis font des prodiges où ils marchent sur l'eau, où ils sont dans les airs. Ceux sont là des « miracles », des signes et des prodiges mensongers dont parle 2 Thessaloniciens 2 :9 ;

Pensez-vous que pour gagner ce genre de personnes à Christ, il suffit de dire : « repentez-vous » ? Non, il faudra là une confrontation de puissance. Je suis d'accord avec le fait de toujours dire : « ainsi PARLE l'Eternel ». Mais aujourd'hui il faudra surtout dire : « Ainsi FAIT l'Eternel » et c'est cela mon cri et ma soif : La démonstration de l'Amour, de la puissance authentique de notre Dieu. N'amenons pas les gens à fonder leur foi sur la sagesse humaine ; mais plutôt, sur la puissance de Dieu (1 Corinthiens 2 :5).

Que vous le croyiez ou pas, que vous le vouliez ou non il y a une dimension dans la croissance et l'évolution du ministère, de l'église où il faut plus que des bons sermons. Il faut la puissance de l'Esprit à l'œuvre ; Sinon, ne vous fâchez pas quand les membres de l'église iront ailleurs parce qu'ils veulent voir les miracles se manifestant par des guérisons, des miracles des dons prophétiques etc.

La faim et la soif ont entrainé beaucoup de personnes à aller boire dans « des fosses septiques » et à manger dans « des poubelles ». Chaque ministère doit conduire les brebis du Seigneur dans des verts pâturages. C'est-à-dire des enseignements frais et de qualité. Pas des fables et des théories abracadabrantesques.

Parler de l'Eglise c'est parlé du royaume de Dieu. Et l'apôtre Paul nous le rappelle très bien en 1 Corinthiens 4 :20 : « Le royaume de Dieu ne consiste pas en paroles, mais en puissance ». Et la puissance ce n'est pas l'onction. Mais l'onction est une portion de la puissance.

La soif ! Quand la bible dit dans le livre de Daniel que dans les temps de la fin la connaissance augmentera. Il faut bien comprendre qu'il est question de la connaissance de Dieu et de ses œuvres contenues dans le livre, et non d'autres choses. Car il est dit : « Toi Daniel, tiens secrètes ces paroles, et scelle le livre jusqu'au temps de la fin, plusieurs le liront.. » (Daniel 12 :4). Et c'est là que la connaissance augmentera. Ministre de l'Evangile, cette augmentation de connaissance de Dieu est liée à la soif et à la faim des hommes sur la terre, la soif des serviteurs de Dieu et des enfants de Dieu.

Il faut être en mesure de reconnaitre sa soif intérieure : Soif de Dieu pour les croyants et soif indéfinissable pour ceux qui ne le sont pas encore. Il faut reconnaitre que rien de ce que l'homme a fabriqué ne peut égaler ce que Dieu a créé et que rien à part le Dieu vivant, ne peut combler cette soif. Mais pour cela, il faut, dans bien des cas, avoir touché le fond : Avoir vécu assez de déceptions et avoir assez souffert pour prendre conscience de ses propres limites et de la superficialité de la civilisation humaine moderne dans toute sa mondanité.

Si vous n'avez plus soif et faim de Dieu, c'est le signe que vous avez rétrogradé. Ce n'est pas la sagesse ou l'expérience. Même les vieux ont faim et soif. Seuls les morts n'ont plus faim ni soif.

Etes-vous mort spirituellement ou êtes vous entrain de périr ? La réponse se trouve dans le degré de votre soif et de votre faim des choses de Dieu, de sa présence, et de sa connaissance. Et dans tous les cas, quelqu'un qui a soif ou faim, ça se remarque tout de suite, il ya un comportement et une attitude. Priez un instant et confessez sincèrement les paroles de ce cantique qui est pour moi une prière quotidienne exprimant ma soif de Dieu:

Plus de toi Seigneur

Plus de toi !

Plus de ta ressemblance

Plus de toi !

Plus de discernement de ta voix, de ta volonté, Seigneur

Plus de toi !

Priez en langue si vous êtes baptisé du Saint-Esprit ! Que les fleuves d'eaux vives jaillissent et coulent. Aspirez ! Soupirez ! La quantité qu'on vous servira dépend de votre soif et de la dimension de votre contenant. Et sache que « Ton Dieu ordonne que tu sois puissant ! »

Etre puissant n'est pas une option. Notre Dieu est le Tout puissant et nous sommes ses enfants. Donc, nous devons être puissants. Il faut la puissance pour être des témoins efficaces.

Le diable a peur des chrétiens qui manifestent la puissance pure de Dieu. Jésus le modèle parfait était et est puissant non seulement en paroles mais en actes. Etes-vous puissant ? Moi-même je me remets en question à ce sujet. Quel est le degré de notre soif ?

« Demande-moi et je te donnerai les nations pour héritage, les extrémités de la terre pour possession » (Psaumes 2 : 8).

Quelqu'un qui n'a pas soif, ne demandera pas à boire ; celui qui n'a pas faim ne demandera pas à manger. Ceux qui gravitent dans les mêmes cercles, les mêmes milieux que nous ne sont pas gagner au Seigneur parce que nous n'avons pas soif, nous n'avons pas le désir et l'envie de les voir sauver. Voilà pourquoi nous ne demandons pas!

Ici-bas, un vase est plein lorsqu'il est rempli à ras bord, mais pour Dieu, une vie est comblée quand le contenu spirituel déborde, car un vase qui reste simplement plein ne renouvelle pas son eau. Ainsi, une plénitude peut devenir stagnante et ne peut se renouveler qu'en débordant. *Je veux plus Seigneur !*

Chapitre 5
LA SÉPARATION

(V26) « Il y a UN GRAND ABIME entre nous et vous… »

Certains chrétiens et beaucoup même commettent la grave erreur de ne pas se séparer des pécheurs. Ils ne comprennent pas leur appel en tant que « peuple mis à part ». Ils ressemblent plutôt à Lot dans Sodome, appelant les sodomites « frères ». Comment ça ? Avez-vous donc le même père ?

Lot par ce comportement perdit son rôle de témoin, de sorte que ses gendres ne le prirent pas au sérieux quand enfin il voulut les avertir de la destruction. (Genèse 19 : 14) :

« Lot sortit, et parla à ses gendres qui avaient pris ses filles : levez-vous, dit-il, sortez de ce lieu ; Car l'Eternel va détruire la ville. Mais, aux yeux de ses gendres, il parut plaisanter. »

Bien que vivant au milieu du monde, nous ne devons faire aucun compromis avec le présent siècle parce que nous avons reçu un appel de démarcation. Je ne parle pas des « chrétiens de l'extrême » qui sachant que ce monde n'est pas leur patrie, se plaisent dans la compagnie exclusive de leurs « amis célestes », sans se soucier nullement de partager ce qu'ils ont reçu de Dieu, de sa grâce avec les païens.

Le Seigneur Jésus était bien au milieu des pécheurs, mais bien « séparé des pécheurs », vivant dans une parfaite sainteté, sans compromis aucun avec le monde corrompu. Son amour pour les païens était étonnant, déroutant pour les religieux et les castes religieuses.

Les « sauvés » doivent être totalement différents des autres s'ils veulent que les pécheurs viennent à eux. Si la séparation ou l'abime n'est pas visible, exercer le ministère de la réconciliation sera difficile voire impossible.

Y a-t-il un abime entre leur mode de pensée et le notre ? Y a-t-il un abime entre leur façon de parler et la notre ? Y a t-il un abime entre leur caractère, leurs réactions aux mêmes situations et le nôtre ? Y a- t- il un fossé entre leur comportement, leur mode de vie et le notre ?

C'est cela le problème aujourd'hui. Il n y a plus de différence ; on reconnait un fils du royaume juste quand il le dit, et les gens sont mêmes étonnés quand ils entendent : « je suis chrétien ». Pourquoi ? Parce qu'il y'a un décalage entre la vie de la personne et ce qu'elle dit être. Il est écrit dans (Genèse 1 : 3) : « Dieu vit que la lumière était bonne ; et Dieu sépara la lumière d'avec les ténèbres ».

Dieu sépara, c'est-à-dire, Dieu distingua, il mit à part, il détacha et disjoignit la lumière d'avec les ténèbres. Il y'avait donc une confusion entre les deux. Et la bible dit, non seulement que nous sommes des « enfants de lumière » mais aussi que « nous sommes la lumière du monde ». Nous devons nous distinguer en tout et pour tout par nos œuvres et notre style de vie de piété pour attirer des hommes et des femmes à Christ.

Le mot français « Eglise » dérive du grec *Ékklésia.* Etymologiquement, le mot signifie ceux qui sont appelés hors de. C'est dire donc que l'Eglise se compose de ceux qui ont été appelés hors du monde vers le Christ. Nous comprenons ici, l'importance de la séparation et de la distinction.

Lorsque la bible dit que la création attend-t-elle avec un ardent désir la révélation des fils de Dieu, Romains 8 : 19 ; cela veut dire que cette création s'attend à ce que ceux qui se disent de Christ montrent la manifestation directe de la pensée, de la volonté divine dissimulée à cause de la chute d'Adam. C'est une question de distinction bien-aimée.

Quand Christ est mort sur la croix, Il a satisfait au jugement de Dieu permettant ainsi aux ennemis de Dieu, c'est-à-dire nous, de trouver la paix avec Lui. Notre « réconciliation » avec Dieu implique ainsi l'exercice de Sa grâce et le pardon de nos péchés. Etre réconcilié, c'est rétablir l'amitié ou l'harmonie. Quand d'anciens amis résolvent leurs différends et restaurent leur relation, cela signifie qu'il y a eu réconciliation. Voici pourquoi il est écrit dans (2 Corinthiens 5 : 18-19):

«Tout cela vient de Dieu, qui nous a réconciliés avec Lui par Christ, et qui nous a donné le ministère de la réconciliation. Car Dieu était en Christ, réconciliant le monde avec lui-même, en n'imputant point aux hommes leurs offenses, et il a mis en nous la parole de la réconciliation. »

C'est en réalisant le grand abime creusé par le péché que l'homme comprendra la puissance de la grâce de Dieu qui est venue avec Christ et manifestée par la croix.

Tant qu'il n'ya pas une différence entre le monde et nous, notre prédication sera vaine. Car si nous vivons comme eux et parlons de réconciliation, nous serons vus comme Lot face à ses gendres qui parut plaisanter.

La Bible déclare : « **Nous faisons donc les fonctions d'ambassadeurs pour Christ, comme si Dieu exhortait par nous ; nous vous en supplions au nom de Christ : soyez réconciliés avec Dieu ! » (2 Corinthiens 5 : 20).**

Avant de dire aux autres, avant de dire au monde de se réconcilier avec Dieu, nous devons être sûr nous-mêmes d'être en bon termes et bien réconciliés avec Dieu. Car le monde veut voir la lumière et non les discours et les théories sur la lumière. Quand la lumière est là, elle n'a pas besoin de dire qu'elle est là, ça se voit qu'elle est là par ses effets et ses conséquences.

C'est non seulement dire mais montrer au monde que Dieu l'a tant aimé qu'il a pourvu au moyen de réconciliation. C'est apporter la merveilleuse nouvelle que la relation brisée par le péché entre l'homme perdu et Dieu peut être rétablie sans sacrifice d'animaux ou rites et rituels traditionnels.

Il est dit que : « Dieu était en Christ, réconciliant le monde avec lui-même ». Et aujourd'hui on pourrait dire que Christ est en nous pour réconcilier les hommes avec Dieu. C'est ça le ministère que nous avons aujourd'hui.

Ce qui s'est passé pour nous, c'est cela que nous devons partager avec ceux qui ne connaissent pas Christ. Nous qui autrefois étions ennemis de Dieu, par Christ nous sommes devenus ses amis par la foi en l'œuvre accomplie à la croix.

Nous sommes des « réconciliateurs » car l'humanité pécheresse s'est brouillée avec Dieu. Donc, nous la réconcilions comme Christ l'a fait.

Paul nous compare à des ambassadeurs : « Nous faisons donc les fonctions d'ambassadeurs pour Christ ».

L'ambassadeur est à la fois un messager et un représentant de celui qui l'a envoyé ; C'est une personne qui fait partie d'une mission auprès d'un Etat étranger. Les croyants sont également des messagers et les représentants du royaume céleste. Et de même qu'un ambassadeur vit dans un pays étranger, ainsi en va-t-il des croyants. Bien qu'étant citoyens des cieux, ils représentent leur Roi sur la terre où ils vivent comme des étrangers et des voyageurs. Ils ont pour mission de transmettre le message du royaume des cieux, selon lequel Dieu a pourvu au moyen du salut et qu'ils peuvent être réconcilié avec le Roi des cieux. C'est là le message des ambassadeurs du royaume de Dieu.

Malheureusement, aujourd'hui nous voyons un grand nombre d'ambassadeurs porter leurs propres messages. Des chrétiens, des ministères qui transmettent des messages qui n'ont rien à voir avec la cour céleste ; rien à voir avec le royaume de Dieu.

Nous voyons même ceux qui sont appelés au ministère de la réconciliation créer davantage de divisions, de désunions dans les familles et les foyers. D'autres, regardent les gens mourir sans être réconciliés avec Dieu autour d'eux sans être émus ou touchés dans leurs entrailles.

Les chrétiens préfèrent se retrouver entre eux dans des multiples ruinions entre les quatre murs au lieu d'aller prêcher l'évangile aux perdus. Une vie de sanctification sans chercher à réconcilier les hommes perdus avec Dieu devient un péché.

Une vie de sanctification sans productivité ou utilité ne sert à rien. Voilà pourquoi après la sanctification vient la consécration. Car être consacré s'est être utile.

La séparation ! Jésus a dit : « Qu'ils soient parfaitement un, et que le monde reconnaisse que tu m'as envoyé ». Tertullien un célèbre théologien atteste dans son ouvrage *Apologétique* qu'il en était comme Jésus dit au deuxième siècle : « Voyez comme ils s'aiment » disaient les païens à propos des chrétiens. Vice-versa les gens du monde sont dégoutés et découragés par les oppositions ecclésiastiques, les disputes et bagarres entre frères.

Un vrai disciple de Christ doit se distinguer de part sa manière de vivre qui reflète la vie de son maître. C'est pourquoi il faut la séparation. Malachie 3 : 18 dans la version Martin dit :

« Convertissez vous donc, et vous verrez la différence qu'il y a entre le juste et le méchant ; entre celui qui sert Dieu et celui qui ne l'a point servi ».

Notre Dieu est un Dieu de différence. Car il est différent et est le Dieu au-dessus de tous les autres Dieu. Et en Mathématiques, la différence c'est l'excès de grandeur, de longueur, de quantité, de poids d'une chose sur une autre. Notre Dieu veut que nous soyons séparés c'est-à-dire différents. Comme lui-même l'est.

Lorsque les non-chrétiens verront la séparation et que celle-ci est attrayante, ils se convertiront pour voir, c'est-à-dire expérimenter et comprendre qu'est ce qui fait cette différence entre eux et nous. Et ils glorifieront Jésus-Christ.

Tous ceux et celles qui font partie de l'Eglise de christ sont appelés des saints, au sens biblique du terme. Ce qui veut dire qu'ils sont mis à part pour le service de Dieu ; pour servir à la louange de la gloire de son nom. Quoique appelés saints, la conduite de plusieurs laisse malheureusement encore à désirer, ce qui fait que ce n'est pas toujours facile de les distinguer des esprits superficiels couverts de religiosité qui ont une foi illusoire.

Depuis le commencement notre Dieu créateur a toujours été un Dieu de séparation. Dans le livre de Genèse le premier chapitre, nous notons cinq fois le verbe « séparer ».

Et Jésus dit : « Je suis venu mettre la division [séparation] entre l'homme et son père, entre la fille et sa mère, entre la belle- fille et sa belle-mère… »

Par cette affirmation notre Seigneur parle de sa venue dans la vie d'un homme et d'une femme. Pas du but principal de sa venue, mais plutôt de sa conséquence dans la vie de celui qui le reçoit comme Seigneur et sauveur personnel.

Il affirme donc que celui qui a décidé de le suivre, de porter sa croix en obéissant à ses enseignements peut s'attendre à une vive opposition de la part de sa famille, ses amis, bon gré malgré. Voilà pourquoi je dis que quelqu'un qui est véritablement né de nouveau et converti ne peut pas avoir pour meilleur ami ses mêmes amis païens d'antan. Ca voudrait dire qu'il n y a pas encore une véritable séparation entre la lumière et les ténèbres. La communion entre la lumière et les ténèbres fut rompue dès le commencement en Genèse.

Jésus dit qu'il est venu apporter, mettre la séparation. Mais nous refusons que cette séparation tel un abime, soit visible. Notre Dieu n'est pas un Dieu de confusion, voilà pourquoi il aime la séparation afin que sa gloire soit clairement manifestée et non nuancée. Cependant, l'église met de l'eau dans son vin ; on crée des ponts de compromis appelés œcuménisme qui ne servent qu'à occulter la gloire et la vérité authentique et distincte de Dieu.

Paul dit aux Corinthiens dans sa deuxième épitre en 2 Corinthiens 6 : 17 :

« C'est pourquoi, sortez du milieu d'eux, et SEPAREZ-VOUS, dit le Seigneur ; ne touchez pas à ce qui est impur, et je vous accueillerai ».

Ne pas se séparer des incroyants est insensé, parce qu'une telle désobéissance prive les croyants de certaines grandes bénédictions. Dieu parle à chacun de nous en fonction du rapport avec le monde, les relations et les milieux dans lesquels nous sommes et qui ne lui donnent pas gloire. Il dit en d'autres termes : « Partez, partez de là ! Sortez de là ! Attention au péché, ce qui est impur ! Soyez saints ! Purifiez-vous ! » Aucun chrétien ne doit aucunement être associé, pour la cause de l'avancement de la vérité divine avec quelques formes de fausses religions que ce soit. En tant qu'enfant de lumière, nous ne devons avoir aucune part avec les fils de la rébellion. Nous devons nous soucier uniquement de ce qui est agréable au Seigneur, et non aux hommes impies. Lui plaire lui seul.

Dites-moi, quand un Musulman, un Traditionnaliste, un Animiste, un Gnostique, un Bouddhiste, un Luciférien ou encore un Hindouisme, un Sataniste… et un chrétien se retrouvent sois disant pour prier ensemble au nom de l'unité, qu'est ce qui se passe ? C'est du désordre et de l'amalgame spirituel. Le Saint-Esprit n'y est pas.

Pour renforcer l'idée que ne pas se séparer des incroyants est de la désobéissance, Paul ajoute en disant : « Ne touchez pas à ce qui est impur ». Le verbe toucher rend *haptô* et désigne un contact nuisible. Donc nous ne devons pas toucher ceux qui rejettent et pervertissent la vérité de la Bible parce qu'étant des éléments dangereux et nuisibles, pouvant porter atteinte à notre vie spirituelle.

Regardez comment beaucoup de chrétiens et même des hommes de Dieu se narguent de connaitre des stars et des hautes personnalités de ce monde. Ils publient avec fierté sur la toile des photos prises avec ces vedettes. Quels est le but ? Est-ce profitable pour le royaume ? Non, c'est juste pour contenter leur égo, leur désir de paraître. Et après, ils s'étonnent des critiques acerbes et du discrédit jetés sur leur ministère. La bible ne dit elle pas que « tout est permis mais tout n'est pas utile ».

Quel est l'intérêt de Dieu dans ça ? En quoi cela contribue- t-il à l'avancement du royaume ? Ces personnes ne reconnaissent pas Christ comme Seigneur et sauveur. Elles bafouent son nom et vous mangez et buvez ensemble. Comment un vivant va être fier de publier des photos où il est avec des cadavres, des morts ambulants ?

Quand le Seigneur dit : « Je vous accueillerai », le verbe accueillir de son étymologie grecque veut dire « admettre », « recevoir » dans ses bonnes grâces. Ce qui voudrait dire que tout chrétien qui refuse de se séparer, se prive de bonnes grâces que le Seigneur a réservées à ceux qui appliquent le principe de la séparation, de la sanctification.

Chapitre 6
L'INTERCESSION

V27 « Je te PRIE, donc père Abraham… »

Prier pour le salut des âmes, c'est prendre part au fardeau de Christ pour les pécheurs. Beaucoup de personne n'ont pas encore dépassé la classe élémentaire de la vie de prière. N'avez-vous pas encore appris à prier pour les perdus ? Pour les autres, en dehors de vous ? Lisons (Luc 11 : 1-8) :

« Il leur dit encore: Si l'un de vous a un ami, et qu'il aille le trouver au milieu de la nuit pour lui dire: Ami, prête-moi trois pains, car un de mes amis est arrivé de voyage chez moi, et je n'ai rien à lui offrir, et si, de l'intérieur de sa maison, cet ami lui répond: Ne m'importune pas, la porte est déjà fermée, mes enfants et moi sommes au lit, je ne puis me lever pour te donner des pains, - je vous le dis, même s'il ne se levait pas pour les lui donner parce que c'est son ami, il se lèverait à cause de son importunité et lui donnerait tout ce dont il a besoin ».

Je nous parle de la prière qui fait que nous, êtres finis fondons dans l'infini de Dieu. Cette prière qui nous amène au-delà des frontières du visible pour pénétrer dans l'invisible. La prière est une invitation hors du temps limité pour opérer dans l'éternité avec des retombées palpables et mesurables dans la réalité physique et spirituel.

Le Seigneur veut que nous priions comme Moïse, quand en descendant du mont Sinaï dans Exode 32, il découvrit l'apostasie de son peuple rassemblé autour du veau d'or. Après avoir détruit l'idole et convaincu Israël de son péché, il remonta sur la montagne pour INTERCEDER en leur faveur.

La prière d'intercession de Moïse, jaillissait d'un cœur brulant de compassion, et Dieu ne détruisit pas le peuple. L'intercession ce n'est pas la prière élémentaire de base enseignée dans le « notre père ». Ce n'est pas la prière du « jardin d'enfants », mais celle de la classe supérieur qui va jusqu'au-delà des frontières du « moi », pour atteindre les extrémités de la terre. On devient partenaire avec Dieu, Jésus nous conduit dans son agonie à Gethsémani et au calvaire. Là, on connait ce qui fait battre le cœur du père et on priorise sa volonté, cette dernière prime sur la notre. Là, Jésus s'est laissé lier et finalement clouer à la croix pour y verser son sang jusqu'à la mort. Notre sauveur a payé le prix pour obtenir le pain de vie pour les pécheurs ; plus encore, il est devenu par cette mort ce pain de vie.

Telle est la signification profonde de cette parabole de deux amis, qui nous révèle la prière, non plus pour les besoins personnels, mais pour les autres, pour les âmes perdues qui nous entourent. La prière d'intercession relève du domaine de la sphère d'influence Le révérend Reinhard Bonnke à dit : « l'évangile a une force explosive, mais il a besoin du détonateur qu'est la prière »[3]. En d'autres termes, l'évangélisation sans intercession est un explosif sans détonateur ».

---

[3] Reinhard Bonnke, L'Evangélisation par le feu 7e édition, 2008, page 268

Aussi, remarquez que c'est à minuit que cet homme va trouver son ami pour lui demander trois (3) pains, ce qui indique une urgence tout à fait exceptionnelle. Combien de chrétiens aujourd'hui sont prêt à bouleverser la routine de leur vie quotidienne, se lever au milieu de la nuit pour prier en faveur des perdus ? Notez aussi, que l'ami n'a pas donné le pain parce que c'était son grand ami. Non ! L'Amitié n'est pas un gage d'exaucement, elle n'a pas suffi.

Le secret a été « l'importunité » c'est-à-dire que l'exaucement est venu à cause de l'intensité et de la persévérance de la supplication, l'insistance, la continuité insupportable de la prière fervente de l'ami. Et (Jacques 5 : 16) nous dit à ce sujet que : « La prière fervente du juste a une grande efficacité ».

Prier avec ferveur fait partie des conditions à remplir pour qu'une prière soit efficace. Prier avec ferveur signifie prier avec ardeur, passion et émotion. C'est prier de façon passionnée, enthousiaste, zélée, intense, avide, brulante et vive.

Si quelqu'un vous voit prier ou vous-mêmes, l'un de ces adjectifs doit être utilisé pour qualifier votre prière. Sinon, ce n'est pas une prière fervente. La ferveur découle d'un cœur qui brule d'amour pour Dieu et ce qui fait battre son cœur : le salut des âmes. Une prière fervente est ce que j'appelle une prière fiévreuse. Car dans « fervent », est sous entendu fièvre. Nous sommes donc, brulants ; notre corps tout entier y participe aussi et une chaleur se dégage. Sinon, elle est tiède voire froide.

Malheureusement, les hommes et les femmes de nos églises aujourd'hui sont plus fervents dans la prière quand les sujets concernent leurs propres vies, leurs préoccupations personnelles (mariage, travail, enfantement, voyage, finances, santé etc.) Ce sont là des prières qui relèvent de la sphère d'intérêts.

Dans le langage hospitalier ou médical, les urgences sont le service d'un hôpital qui s'occupe de recevoir les malades et les blessés qui sont amenés de manière pressante par les services de secours, des amis ou des particuliers.

Aujourd'hui, dans l'Eglise, au-delà des nombreux ministères, je suis convaincu que nous devons tous exercer au service des urgences pour le salut des âmes. Paul parle d'agoniser dans la prière pour parler d'intercession. C'est un combat, non pas contre les démons mais, un combat contre les désirs de notre chair.

Le passage de Marc 14 : 38 a toujours été cité pour justifier le manque de constance et de persévérance dans la prière. Et pour justifier le fait d'être tombé et de tomber dans la tentation en disant : « la chair est faible hein ! » Le texte dit :

« Veillez et priez, afin que vous ne tombiez pas en tentation ; l'esprit est bien disposé, mais la chair est faible ».

A bien regarder ce passage, nous ne pouvons le citer pour justifier notre paresse. En effet, il est clairement dit que « l'esprit est bien disposé », d'autres versions disent « l'esprit est ardent », « l'esprit est prompt ». Qu'est ce qui se passe donc ? Il a toutes les capacités infusées par le Saint-Esprit qui lui rendent victorieux mais les chrétiens font le choix délibéré d'obéir aux volontés et désirs de la chair. En d'autres termes, si la chair est faible, ne marchez donc pas par la chair ! Choisissez l'esprit qui est prêt, capable et sûr.

Imaginez un instant un champion du monde de boxe catégorie poids lourd bien entrainé et au sommet de ses performances, perdre le combat contre un enfant de cinq (5) ans. Et en l'interviewant, il dit : « j'ai perdu face au petit parce qu'il était faible ». C'est serait paradoxal et absurde. C'est exactement ce que déclarent de nombreux chrétiens lorsqu'ils disent que « la chair est faible ». Et en disant cela, ils ne font que révéler le fait qu'ils se plaisent dans la marche par la chair.

J'ai appris qu'en réalité, l'intensité du ministère des anges dans notre vie, leur déploiement est fonction à un niveau de la force de notre sanctification et de notre vie de prière pour agir. Justifier la chair, c'est se priver de l'action de nos compagnons de ministère.

Certains pensent qu'il faut prier quand on est inspiré, lorsqu'on est d'humeur à prier. Dites-moi, allez-vous au travail ou à vos cours et devoirs scolaires seulement lorsque vous êtes inspiré ou d'humeur agréable? La réponse est Non. Pourquoi ? Parce que c'est votre travail et il est quasi vital. C'est ce que devrait être pour tout chrétien, la prière d'intercession : le travail de notre vie. Le faire tout le temps peu importe ce qu'on ressent ou ne ressent pas. Car on fini par s'habituer à tout ce qu'on pratique régulièrement pendant assez longtemps. Je faiblis encore souvent dans la constance des temps fixés pour la prière, mais j'y arriverai par la grâce de Dieu avec de la volonté et l'aide du Saint-Esprit.

Dieu cherche un homme pour se tenir dans la prière pour le salut des âmes perdues et des nations. Puisque Dieu a fait de nous ses Co-ouvriers, il s'est mis lui-même des limites. Il a ainsi accordé à l'homme une souveraineté limitée qui fait qu'il y a des choses qu'il ne peut plus faire sur la terre sans nous, et à moins que nous n'intercédions.

« Je cherche parmi eux un homme qui élève un mur, qui se tienne à la brèche devant moi en faveur du pays, afin que je ne le détruise pas… » (Ezéchiel 22 :30).

La brèche s'est le fossé entre la justice de Dieu et sa miséricorde. Un intercesseur évitera la destruction. L'intercession implique le don de notre vie dans la prière.

Les chrétiens sont dans la cité terrestre, dans la société qui elle-même n'est pas chrétienne, en mission, en faveur de la vie, du bien, contre la mort, et le mal. En Jérémie 29, le prophète parle au nom de Dieu aux exilés de son peuple qui sont en Babylonie et dit au verset 7 : « Recherchez la paix de la ville où je vous ai exilés et intercédez pour elle auprès du Seigneur, car votre paix dépendra de la sienne. »

Ce mot paix qui se dit *shalom* suggère aussi la prospérité, la bonne santé. La situation des chrétiens dans le monde aujourd'hui, est assez semblable. En effet, ce verset ne s'adresse pas à Israël dans son pays, avec un état spécialement construit par le Seigneur. Il est donné aux Judéens, membres du peuple de Dieu, au cœur d'une société païenne. Or, nous sommes le peuple de Dieu dans une société païenne.

Jésus a dit: « Je suis la porte » (Jean 10:9). Christ est le moyen par lequel l'homme peut atteindre le père. Paul a utilisé le même mot pour indiquer une bonne occasion qui s'offre à nous. Paul dit:

« Au reste, lorsque je fus arrivé à Troas pour l'Evangile de Christ, quoique le Seigneur m'y eût ouvert une PORTE, je n'eus point de repos d'esprit »

Le Seigneur ajoute dans (2Corinthiens 2:12) que : « J'ai mis devant toi une porte ouverte, que personne ne peut fermer » (Apocalypse 3:8). Des PORTES pour des nations, des villages, des villes et des ethnies peuvent également s'ouvrir. Franchir la porte que l'occasion nous offre signifie que nous rencontrerons une opposition spirituelle de la part des principautés et des puissances des ténèbres qui empêchent les nations d'entendre et de répondre à l'appel au salut par l´Evangile : « Car une PORTE grande et d'un accès efficace m'est ouverte, et les adversaires sont nombreux" » (1Corinthiens 16:9).

Ce qu'il faut comprendre c'est que seul le Seigneur Jésus peut ouvrir une porte, la porte d'un cœur, d'une ville, d'un village qui est fermé à l'évangile. Mais pour cela, il faut que des prières d'intercession s'élèvent contre les forces spirituelles qui maintiennent les portes fermées afin que des villes, des villages, des familles, des pays entiers soient sauvés.

Nous restons dans des prisons, ceux qui nous sont chers restent dans les prisons parce que nous ne prions pas. Les enfants de Dieu sont devenus égoïstes. Ils ne prient que pour le mariage, l'emploi, le succès, la réussite, la bénédiction etc. Nous oublions de nous tenir à la brèche pour les autres. Dieu cherche ceux qui peuvent dire oui et se tenir à la brèche afin d'intercéder en faveur des autres, en faveur des non sauvés.

Nous sommes engagés dans des relations interpersonnelles, de prochain à prochain (relations courtes). C'est par exemple, le Samaritain qui, voyant l'homme qui gît au bord de la route, s'arrête, le prend en charge, panse ses plaies et le conduit à l'auberge. L'amour du prochain s'exprime là de manière immédiate. Le degré d'intercession que nous avons est lié au degré de compassion que nous avons pour le prochain. Un défaut de compassion entrainera un défaut d'intercession.

Pour être de vrais intercesseurs, nous devons nous identifier à ceux pour qui nous priions. Il est dit de Christ qu'il est assis à la droite de Dieu le père et il intercède pour nous. Parce qu'il s'est identifié à nous, il a revêtu ce corps corruptible de faiblesses, il a été tenté comme nous en tout point sans pécher (hébreux 4 : 14-15).

Parce que Christ s'est identifié à nous, il peut très bien intercéder pour nous afin que nous en retour nous nous identifiions à lui dans le but de ne pas pécher ; mais, d'intercéder aussi. Par ailleurs, un intercesseur est une personne qui a de l'influence. Car intercéder veut aussi dire « user de son influence en faveur de quelqu'un ». Jésus a reçu gloire et puissance. Et sur cette base il intercède pour nous. Et tel il est tel nous sommes.

Aujourd'hui dans nos églises c'est peu de prières, mais beaucoup d'activités, beaucoup d'efforts. L'Eglise se contente d'un travail superficiel qui n'arrache pas sa proie au royaume des ténèbres. Aussi, la vraie prière, c'est confesser notre faiblesse et honorer Dieu. Négliger la prière c'est faire preuve de présomption et démontrer que notre ministère pour lui est celui de nos efforts personnels.

Les comités d'intercession ou des groupes spécialisés dans l'intercession sont devenus des échappatoires pour certains leaders d'églises qui laissent cela à la charge des comités. Se dispensant ainsi des jeûnes et prières sauf, quand ils doivent intervenir lors d'un séminaire ou d'une conférence. Là, ils prieront et jeuneront pour leur gloriole bien-sur ; pour bien exercer le ministère ! Sinon, le reste des jours, ils s'empiffrent pendant que les brebis jeûnent et maigrissent à prier pour eux, ces leaders prennent de l'embonpoint.

Vous ne pouvez pas avoir une église qui prie ou intercède si vous-mêmes vous ne montrez pas l'exemple. Si vous voulez une église qui gagne des âmes, soyez vous-même un gagneur d'âmes. Car vous êtes la tête. Tout par de vous. N'accusez pas les responsables des comités.

Un leader doit toujours garder une part de mystère à cause des brebis dont il a la charge. Sinon, les membres s'habitueront à lui au point de perdre la vision du sacré. Car, la familiarité est une opacité à la réceptibilité de l'onction et des grâces. C'est l'une des raisons pour laquelle, plusieurs qui suivent des hommes de Dieu ne reçoivent rien d'eux comme transferts de grâces, d'onction ou bénédictions attachées à leurs vies. A cause de la familiarité.

Depuis que je suis avec mon père dans le ministère, j'ai toujours gardé une « distance sacré ». Je ne me permettrai jamais de faire une blague de mauvais goût sur lui. Même si j'ai dit un mot que vous semblez avoir entendu aller dans ce sens, vous aurez mal compris. Lui-même l'a remarqué depuis.

Nous ne sommes pas des amis au point ou je vais le tapoter sur l'épaule ou bien l'appelé par son prénom, jamais. Mon épouse et moi avons tellement intégré ça que qu'elle ne s'amuse pas non plus avec son épouse. Il y a une distance respectueuse sacrée et des conseils même que nous ne pourrons nous permettre de leur donner.

Quand la limite de la familiarité est franchit, vos membres se trouvent trop libres dans leurs propos, ils rient de tout même quand vous êtes sérieux. Ils se permettront même de vous dire comment prêcher, comment gérer vos enfants etc. Et pendant vos sermons, ils se permettront toujours de discuter entre eux. S'ils s'habituent à vous de cette manière, ils ne s'attendront plus à rien en venant aux réunions. Or, on ne s'habitue pas avec l'oint et l'onction.

Plus vous serez dans la présence de Dieu à intercéder, à adorer le Seigneur, cette fraiche onction sur vous créera une sainte distance. Comme Moïse et le peuple d'Israël.

Chapitre 7
LA MISSION

V27 « ...D'ENVOYER Lazare dans la maison de mon père... »

L'Église a perdu la vision missionnaire, il n'y a plus cet esprit missionnaire. Les ministères ne s'engagent plus dans la mission. Il n'y a plus des temps de prière en faveur des envoyés dans la mission et il n y' a même plus assez de missionnaires. Pourquoi ? Quels sont les blocages ?

Nous pouvons énumérer des blocages d'ordre personnels (égoïsme, matérialisme, peurs) ; les blocages d'ordre familiaux (l'abandon de la famille, critiques culpabilisantes) ; les blocages d'ordre sociaux (la classe sociale occupée) ; les blocages liés à l'immobilisme, on ne veut pas aller, on préfère attendre que les âmes viennent ; les perdus sont loin, on construit des bâtiments pour s'enfermer entre nous comme ces sectes pernicieuses.

L'intercession sans la mission est un détonateur sans explosif[4]. C'est ce que dit le Seigneur dans (Romains 10 : 14-15) :

« Comment donc invoqueront-ils celui en qui ils n'ont pas cru? Et comment croiront-ils en celui dont ils n'ont pas entendu parler? Et comment en entendront-ils parler, s'il n'y a personne qui prêche? Et comment y aura-t-il des prédicateurs, s'ils ne sont pas envoyés? Selon qu'il est

[4]Reinhard Bonnke. Idem

écrit: Qu'ils sont beaux Les pieds de ceux qui annoncent la paix, De ceux qui annoncent de bonnes nouvelles!

Il y'a trop de concentration et de centralisation dans les églises. On passe plus de temps à agrandir les bâtiments, au lieu d'aller bâtir ailleurs. Des gens meurent dans les villages, les endroits reculés sans Christ. L'église est de marbre et fière d'admirer ses belles bâtisses. Au lieu de réfléchir sur comment aller annoncer l'évangile dans les coins les plus abandonnés, on réfléchit sur nos structures, les infrastructures ecclésiastiques. On n'entend plus la voix de Dieu, on est devenu sourd par rapport à l'appel à la mission. (Esaïe 6 : 8) dit :

« J'entendis la voix du Seigneur, disant: QUI ENVERRAI-JE, et qui marchera pour nous? Je répondis: Me voici, envoie-moi ».

Toujours l'envoi, Dieu cherche des personnes pour la mission. Quelqu'un qui marchera et parlera pour lui et non qui prêchera pour sa propre Chapelle. Le retour du Seigneur Jésus est aussi lié à la mission. (Matthieu 24 : 14) :

« Et cet évangile du royaume sera prêché dans la terre habitée tout entière, en témoignage à toutes les nations; et alors viendra la fin ».

Personne n'a hâte de rencontrer le Seigneur. On se sent trop bien sur cette terre. Sinon, la mission devait être accélérée et même une priorité pour prêcher hors de nos buildings. Dieu cherche toujours un homme. Dieu le père a envoyé son fils en mission sur la terre. Imaginons un instant qu'il ne quittait pas son trône de gloire ? Nous mourrions. Mais il a quitté, l'éclat, la gloire, la magnificence, la perfection et la splendeur. Pour venir dans la saleté, la puanteur, la corruption, le péché dans lequel nous baignions et baignons ici-bas.

Qu'en est-t-il de nous ? Nous ne voulons pas quitter nos ventilateurs, nos split, et nos carreaux ? Regardez-vous-même, la rébellion et l'orgueil de l'homme ! Si Jésus refusait de partir, nous serions morts. Donc, quand nous refusons de partir, que pensez-vous qu'il se passe ? Jean 20 : 21 déclare :

« Jésus leur dit de nouveau: La paix soit avec vous! Comme le Père m'a envoyé, moi aussi je vous envoie. »

L'église ressemble beaucoup plus à un club d'amis qu'à la raison pour laquelle Dieu l'a bâtit. Sortons de nos zones de conforts. Jésus avait dit : « je ferais de toi un pécheur d'homme… » Avez-vous déjà vu un pécheur lancer le filet dans son salon et voir les poissons sortir des eaux pour se jeter dans le filet ? C'est ainsi que nous faisons en restant cloitrer dans nos quatre murs.

Nous prêchons à d'autres, mais nous ne le faisons pas pour nos familles et nos amis, car nous craignons qu'ils ne se fâchent. Mais il vaut mieux qu'ils se fâchent en ayant écouté au moins plutôt que d'aller dans ce lieu de tourments. Eglise de Jésus-Christ, il est temps que tu parles à ta famille, à tes collègues de travail, partout où tu vas, pour leurs dire que Jésus libère et qu'il revient bientôt et que l'enfer est réel.

« Je n'ai pas préparé ce lac pour l'homme, mais iront là-bas tous ceux qui ne M'accepteront pas et ne me reconnaitront pas comme leur Sauveur et leur Seigneur, et ceux qui n'obéissent pas à MA Parole. Regarde, combien se perdent ! Mon Eglise dort. Elle qui a pourtant reçu Ma puissance, qui possède Ma Parole et le Saint-Esprit, elle dort, elle est paresseuse et fatiguée. Il y a sur la terre des religions qui enseignent Ma Parole, en disant que l'Enfer n'existe pas » dit l'Eternel.

Combien de personnes appelées au ministère et prêts sont maintenues dans les églises ? Au nom de certaines formations interminables et principes érigés par les hommes. Ils en sont toujours à apprendre. Trois ans suffirent à Jésus pour former, établir et envoyer ses disciples. Ils n'étaient pas parfaits en caractère, en intelligence et en réactions. Mais Jésus savait que pour l'homme, le travail de l'âme ne sera jamais vraiment achevé sur cette terre. Et il a pris des hommes sans instructions, ne sortont d'aucune école théologique ou biblique de renom.

Malheureusement, des ministres ont ajouté des principes humains de psychologie et de Management dans l'église, sur lesquels ils s'appuient pour envoyer ou non les gens dans le ministère. Ils abusent de leur autorité et menacent de malédiction quiconque oserait aller à l'encontre de « LEURS » principes et « STANDARDS » d'entrer dans le ministère.

Ce que j'ai compris c'est qu'il y a des choses qui doivent être enseignées pour être transmises et d'autres choses qui doivent être vécues pour être acquises. La moisson est grande, faites confiance, envoyez et suivez ces personnes. Car, ceux qui ne répondent pas tôt à l'envoi finiront par ne plus partir du tout. Le feu du zèle allant en diminuant et le ministère temporaire, vitesse oblige et non précipitation.

Un grand homme de Dieu du Ghana Dag Heward- Mills dit dans un de ses ouvrages qu'il est important d'augmenter notre vitesse à répondre à nos appels. Il dit je cite:

« Si Dieu vous a appelé, vous devez répondre rapidement à l'appel et obéir à ce que Dieu dit. Tout change quand il y a des délais. Tout change lorsque vous ne répondez pas rapidement. [...] Lorsque l'apôtre Paul a reçu l'appel de Dieu, il a immédiatement commencé à prêcher. Tous ceux qui ne commencent pas immédiatement finissent par ne pas commencer du tout.[5] *»*

Pour avoir vécu cela, je sais que « la bougie » diminue pour ne pas dire le feu. Car nous travaillons dans un corps qui se dégrade au fil des années, des mois et des jours. On peut avoir un grand feu, mais le bois ou la cire se consume vite, c'est-à-dire le corps. C'est dans ce sens qu'il ajoute dans son livre à propos d'augmenter notre rapidité en répondant rapidement aux visions :

« Lorsque l'apôtre Paul eut la vision d'aller en Macédoine, il y répondit immédiatement. Que vous a dit Dieu ? Que vous a-t-il demandé de faire ? De combien d'années allez-vous avoir besoin pour faire ce qui vous a été demandé ? Je suis heureux

[5] Dag Heward-Mills, ce que signifie être Prudent comme un serpent, éditions Parchment House 2016, page 102

d'avoir obéi à l'appel de Dieu quand j'étais âgé de vingt-cinq ans. [6]»

Dag Heward- Mills continue en disant : « *La vitesse est très importante au début de votre ministère. Le ministère est une longue route avec de nombreux obstacles douloureux. Peu importe combien vous retardez le début du voyage, les obstacles demeurent, attendant votre arrivée. Si vous attendez trop longtemps, vous atteindrez ces obstacles quand vous serez un vieil homme usé. Les obstacles n'auront pas pitié de vous. Les obstacles ne seront pas amoindris à cause de votre âge. Les obstacles ne seront pas réduits parce que vous avez eu un démarrage tardif. Le plus tôt et le plus vite vous commencez votre ministère, le plus tôt et le plus vite vous dépasserez certains obstacles. Je suis reconnaissant à Dieu pour la chance d'avoir commencé une église alors que j'étais étudiant. Bien que je n'aie fait que suivre mon amour ardent pour le Seigneur, je ne savais pas que j'avais pris une des plus sages décisions de toute ma vie en commençant rapidement* ».

Nous parlons de la mission du ministère, de l'envoi. Combien de personnes se sont découragées après de longues attentes d'être envoyé ? Elles en étaient encore qu'à la formation selon l'organisation et le fonctionnement de l'église dans laquelle elles étaient. Je ne parle pas des chrétiens rebelles et pressés en quête de reconnaissance et d'indépendance qui confondent leur temps de caprice avec le temps de Dieu. Manifester l'onction et les dons ne signifie pas être prêt pour la mission du ministère. Soyez patients et enseignables.

---

[6]Dag Heward- Mills. Idem

S'il est vrai que nous ne suivons pas les hommes et leurs expériences, et que la référence est Christ, pourquoi ne pas faire comme Jésus a fait avec les douze ? Il n'a pas attendu qu'ils soient aussi matures que lui, mais, il a simplement fait confiance en comptant sur la venue du Saint-Esprit. Il les a formés pendant trois ans. Aux leaders d'églises, le monde, la moisson est mure. Formez et faites confiance à vos membres, envoyez et accompagnez-les dans le ministère. Le père reste le père idem pour la mère ; peu importe l'âge et le niveau de maturité de l'enfant. Ce n'est pas une relation qui s'arrête avec l'envoi. Au contraire s'est un autre niveau dans la relation.

Vous savez, lorsqu'on empêche un homme, une femme ou un jeune de répondre à son appel. Ce n'est pas que lui qui est empêché. C'est l'ensemble de toutes les personnes que Dieu avait prévu sauvées par lui qui mourront et iront en enfer. Ce n'est pas juste un individu. Mais des multitudes attachées à sa destinée et à sa promptitude à répondre à l'appel de Dieu sur sa vie.

Nous n'avons pas besoin de davantage de séminaires sur l'évangélisation ou la mission ; mais plutôt de plus d'actions et de manifestations missionnaires.

Un jour, j'appelai un des responsables de l'église avec qui je devais aller prêcher l'évangile dans un quartier le lendemain où on réunirait des familles à cette occasion. Je n'avais pas assisté au séminaire ce soir là. Il devait donc voir notre pasteur pour savoir si nous devons aller encore annoncer l'évangile à ces familles avec qui nous avions pris rendez-vous pour le lendemain. Il me répondit qu'il avait oublié de voir le pasteur et que ce n'était pas vraiment le moment d'aller à cette évangélisation parce qu'il y avait de bonnes choses au séminaire. Je lui demandai : « quelles bonnes choses ? » Il me répondit que les messages étaient intéressants et je souligne au passage que les orateurs ont encouragé essentiellement le peuple à l'évangélisation durant ce séminaire. Je ressentis comme une colère en moi montée. Et je lui dis ce que je vais vous dire ici :

L'Église n'a pas besoin de davantage de prédications ou de conférence « intéressantes » sur l'évangélisation. Qu'est ce qui peut être plus intéressant que de se lever et d'aller gagner des âmes pour Jésus ? Vous êtes chrétien depuis plus de cinq, dix ans voire plus, vous ne savez toujours pas que le message le plus intéressant est celui d'aller et de faire de toutes les nations des disciples? Même Jésus n'a pas fait des théories sur l'évangélisation. Il a donné des conférences pratiques sur l'évangélisation et la mission. Ainsi, il allait de lieux en lieux avec ses disciples pour annoncer la bonne nouvelle du royaume.

Bien-aimés, le Seigneur nous demandera des comptes pour toutes ces personnes qui meurent sans le connaitre. Continuons à passer du temps dans nos formations ministérielles, bibliques et théologiques. Vous avez encore le temps, seul Satan est conscient du fait qu'il reste peu de temps devant lui.

Si Paul et Barnabas étaient devant nous aujourd'hui savez vous ce qu'ils nous diraient ? Certainement la même chose qu'ils répondirent en Actes 13 : 47 :

« Car ainsi nous l'a ordonné le Seigneur : Je t'ai établi pour être la lumière des nations, pour porter le salut jusqu'aux extrémités de la terre ».

C'est exactement ce que le Seigneur nous ordonne aujourd'hui. Cet ordre n'a pas changé et n'est pas suranné plus de deux mille ans plus tard. Non, au contraire il est toujours d'actualité.

Dans nos villes à chaque mètre nous trouvons une église. Quelles âmes pensons-nous gagner ainsi ? Nous évangélisons des âmes déjà gagnées. Les églises passent dans les mêmes maisons pour l'évangélisation porte à porte. Des membres d'églises changent d'églises simplement en suivant les hommes de Dieu qui ont « plus d'onction ». Nous assistons en réalité à un dépeuplement d'églises par d'autres églises. Une sorte d' « exode ecclésiastique ». Ce qui signifie que nous faisons du surplace. Ne soyez pas content de savoir que votre église est pleine des membres venant d'autres églises. Nous devons être heureux de voir des païens donner leur vie et des gens venir à Christ. C'est à cela que le ciel prend plaisir. « Il y aura plus de joie dans le ciel pour un seul pécheur qui se repent, que pour quatre-vingt-dix-neuf justes qui n'ont pas besoin de repentance » (Luc 15 :7). Les ministères sont plein de justes qui ont quitté d'autres églises et qui n'ont pas besoin de repentance.

Sortez de votre zone de confort. Les églises contemporaines sans s'en rendre compte, nagent en pleine désobéissance, en pleine transgression à l'ordre suprême du Seigneur adressé en Matthieu 28 : 19 :

« Allez, faites de toutes les nations des disciples, les baptisant au nom du Père, du Fils et du Saint-Esprit ».

Ce passage de Matthieu est celui que l'on qualifie de grande commission. Mais permettez-moi de nous rappeler la signification du mot « commission ».

La Commission est un mandat, une charge que l'on donne à quelqu'un de faire quelque chose. Lorsque nous disons mandat, c'est dire donc que c'est une instruction spéciale donnée par le Seigneur, c'est pour vous et moi un mandat impératif, le fait d' aller et de faire de toutes les nations des disciples.

En style de justice et de police, mandat de comparution, injonction de comparaitre devant le juge. Pour nous, en style christique, mandat de mission, injonction et sommation de faire des nations jusqu'aux extrémités de la terre des disciples.

Vous faites des programmes d'évangélisation aux mêmes endroits. Toutes les églises de la même zone géographique que vous, évangélisent les mêmes âmes. Pourquoi se serrer sur une portion de terre alors que nous avons jusqu'aux extrémités de la terre ? Ceux qui ont le souci de la mission d'obéir à la grande commission n'attendent pas d'avoir une grande église aux milliers de membres pour ouvrir une autre branche dans un endroit plus loin ou reculé ; des endroits non atteints comme les villages. Organisez des missions ou des programmes des vacances missionnaires dans ces zones où l'évangile est rare, où il y a des peuples, des nations. Jésus Christ a dit d'aller non pas de rester. Est-il notre Seigneur ? Pas besoin de répondre, notre attitude, notre manière de vivre nous le dit bien plus que nos mots.

Lisons Romains 10 : 14-15 dans la version de Darby

« Comment donc invoqueront-ils celui en qui ils n'ont point cru ? Et comment croiront-ils en celui dont ils n'ont point entendu parler ? Et comment entendront-ils sans quelqu'un qui prêche ? Et comment prêcheront-ils, à moins qu'ils ne soient envoyés ? »

Nous voyons dans ce texte la nécessité de la prédication, de l'annonce de l'évangile et la méthode de Dieu qui est l'Homme. Nous avons ici l'ordre suprême (Matthieu 28 : 19-20 ; ou encore de Luc 24 : 47) de l'épitre aux Romains. Le salut vient en écoutant et en acceptant l'évangile. Mais pour cela, les prédicateurs doivent être libérés ! Les prédicateurs doivent être envoyés afin que « tous » soient sauvés par le moyen de la prédication choisi par le Seigneur lui-même.

Une servante de Dieu me dit un jour, il y a dix ans aujourd'hui après une exhortation que je donnai dans l'assemblée : « Dieu t'utilisera beaucoup. Mais on te reprochera ton jeune âge ». Ce n'est que maintenant que je comprends la profondeur de ces paroles. En effet, grand nombre de Leaders pensent toujours que jeunesse rime avec faiblesse et immaturité. Alors qu'eux aussi étaient jeunes et qu'on leurs avait donné leur chance et fait confiance et, voilà le résultat.

Le secret de la première Eglise.

Les premiers chrétiens avaient porté l'Évangile jusque dans les endroits les plus reculés en leur temps ; et après des siècles de persécutions horribles, par lesquelles les tyrans qui se sont succédé avaient essayé d'effacer le nom de Christ en exterminant les croyants, la moitié des habitants de l'Empire romain s'étaient converti en secret. Tout cela s'est accompli sans l'aide des moyens de communication dont nous disposons aujourd'hui, même sans Bibles. Cependant, de nos jours, malgré le concours de la radio, de la télévision, des réseaux sociaux, des CDs, DVDs, etc. des moyens de transport multipliés, de l'éducation moderne, etc., nous sommes dépassés par l'avancée du paganisme, de l'occultisme et des sectes pernicieuses. L'Église primitive possédait-elle un secret que nous avons perdu aujourd'hui ? En étudiant le Nouveau Testament en général et le livre des Actes des apôtres en particulier, on voit que les premiers chrétiens, tout en prêchant le même message, s'appuyait sur une seule et unique personne : LE SAINT-ESPRIT. Lui seul était à la base de leurs résultats.

Si vous lisez bien les chapitres 13 à 17 de l'Évangile de Jean, vous entendrez le Seigneur Jésus vous dire ce qu'il dit à ses disciples, que, malgré tout l'enseignement qu'Il leur avait donné, il leur manquait encore une connaissance vitale qui leur serait apportée par ce nouveau Pédagogue invisible, qu'Il leur enverrait, et qui prendrait sa place, le Saint-Esprit. Certaines personnes aujourd'hui pensent que c'est à force d'enseignements et de formations. « Quand il sera venu, l'Esprit de vérité vous conduira dans toute la vérité » (Jean 16

: 13). Et cela ne concernait pas seulement les apôtres, mais tous les croyants. Nous en avons la preuve dans (1 Jean 2 : 20, 24 et 27), où l'on voit que chaque croyant a reçu une onction qui lui enseigne toutes choses (en dehors de toute intervention humaine). Ceci ne veut pas dire que l'enseignement divin ne puisse pas nous atteindre par l'intermédiaire d'un canal humain, mais l'accent était toujours mis sur la Source plutôt que sur le canal, ce qui est le contraire dans l'Eglise contemporaine. Elle met le Saint-Esprit au second plan. Ce qui est important c'est l'école de formation et le diplôme ou les diplômes académiques et théologiques. Allez dire ça à Pierre, jacques, Jean, Philippe et les autres disciples qui n'avaient même pas un brevet d'étude du premier cycle.

Un jour Pierre voyant que le Saint-Esprit était aussi répandu sur les païens dit : « Peut-on refuser l'eau du baptême à ceux qui ont reçu le Saint-Esprit aussi bien que nous ? » (Actes 10 : 47).

C'est dire donc que si Dieu a fait le choix de quelqu'un pour le ministère pourquoi l'empêcher d'y entrer ? Si vous voyez la grâce de Dieu sur lui, il faut l'encadrer et l'accompagner. Car quand Dieu l'a appelé il a vu ses limites. A moins que, le Seigneur ne le sache pas bien et qu'il ne connaisse pas ses appelés. Faisons confiance à Dieu lorsqu'il choisi ses serviteurs malgré leurs faiblesses. Dieu voit tous les paramètres dans le choix de ceux qui doivent le servir. Sinon, il ne mettrait pas sa main sur ces personnes. Aussi, « Qui es-tu, toi qui juges un serviteur d'autrui ? S'il se tient debout, ou s'il tombe, cela regarde son maitre. Mais il se tiendra debout, car le Seigneur a le pouvoir de l'affermir » (Romains 14 : 4).

Un serviteur de Dieu possédant de très grandes assemblées avec plus de Trois mille branches à travers le monde a dit dans un de ses ouvrages intitulé *ce que signifie devenir berger* que pour envoyer quelqu'un dans le ministère, dans la mission on n'a pas besoin de plusieurs années de formation car lui a été berger dès l'âge de seize ans et par conséquent, il fait confiance aux jeunes, ce qui explique la consécration de plusieurs jeunes pasteurs dans ses églises qui sont âgés de moins de vingt cinq ans. Pour lui, « Les pasteurs doivent encourager leurs membres à être ouverts à l'appel »[7].Il dit en expliquant 1 Timothée 3 : 1:

« La vision de l'apôtre Paul était d'exhorter plus de gens à faire l'œuvre de Dieu. Il a donc demandé à Timothée de chercher des personnes avec un désir d'être impliqué dans le ministère. [...] Paul permettait très facilement à n'importe qui de devenir berger. Tout ce dont vous aviez besoin était d'avoir un désir et un caractère irréprochable. Pasteurs, cherchez des gens qui ont un désir pour l'œuvre de Dieu et un caractère honnête et fidèle. Si c'est ce que la Bible nous enseigne de rechercher, alors nous ne pouvons pas être plus spirituels que Dieu. »[8]

Dag Heward -Mills ajoute que : *« Dans le domaine médical, quand quelqu'un absorbe plus de nourriture qu'il n'utilise, la nourriture se transforme en graisse et la personne devient obèse. L'obésité est une dangereuse maladie qui peut vous*

---

[7] Dag Heward-Mills, ce que signifie devenir berger, éditions Parchment house, 2016, page 10,

[8] Dag Heward-Mills. Idem

tuer. Elle est simplement causée par la suralimentation et le manque d'exercice. C'est le problème de beaucoup de chrétiens : ils ne font rien avec la connaissance qui leur est confiée chaque dimanche. Ils n'utilisent jamais la connaissance qu'ils ont. Ils ne nourrissent personne. Ils n'exercent jamais de ministère envers personne. Ils deviennent alors un danger pour eux-mêmes ! [...]Pasteurs, encouragez vos membres à devenir bergers et à nourrir les brebis qui vous sont confiées »[9].

Quand je lus ce livre, il me révolta. Et je compris pourquoi parfois j'avais vraiment besoin d'exercer le ministère. C'était aussi pour me dégraisser, pour combattre l'obésité. Car Dag dit que lorsque les gens n'exercent pas mais ne font que recevoir la connaissance, ils deviennent critiques, mal formés, maladroits et retardés. Effectivement j'avais commencé à l'être. Mais je remercie le Seigneur pour mon père spirituel.

Beaucoup de pasteurs ont peur de certains de leurs membres en qui ils détectent des talents et des dons. Ils voient en eux des rivaux, des concurrents alors qu'il ne devrait pas en être ainsi. Cette peur les pousse à ne pas les envoyer dans le ministère même quand ils savent que c'est le temps, ils trouvent des raisons pour repousser l'échéance.

Formez les jeunes pour la mission. Organisez des voyages, des camps de vacances missionnaires. Pourquoi ne pas consacrer les jeunes Pasteurs, Evangélistes, Prophète etc. si Dieu les a appelé? Encadrez-les ! Jeunesse n'est pas toujours synonyme

---

[9] Dag Heward-Mills. Idem

d'immaturité et de faiblesse. Dieu à appelé, établit et envoyé des jeunes comme Jérémie, David etc.

J'ai écouté un jour un des pasteurs d'une église dire qu'il était fier de voir son fils spirituel prêché avec tant de révélations que lui-même n'avait pas forcément. Et le voir exercé comme ça faisait sa fierté. J'avais énormément apprécié.

Un autre grand serviteur de Dieu en Côte-d'Ivoire dit un jour devant les médias : « Je libère mes enfants sans trop de protocole dans le ministère, car je ne suis pas seul à avoir été appelé ; ils ont ouvert leurs ministère et exercent librement ; et on a souvent une convention annuelle où on se retrouve tous ».

J'ai été hautement impressionné et admiratif car pour moi c'est en parfaite adéquation avec le fait que la moisson est grande mais les ouvriers sont peu nombreux et avec ma vision du ministère. Dieu a besoin de ses ouvriers.

Dieu s'est choisit des ouvriers qu'il a préparé et équipé. Mais seulement, ils sont retenus dans des assemblées par des principes et des règles humains.

Dans Genèse 42, il nous est relaté l'histoire de Joseph et de ses onze frères qui étaient venus en Egypte pour prendre du blé. Les frères de Joseph ne savaient pas que s'était Joseph qui dirigeait le pays et que s'était lui qui leurs parlaient à ce moment là. Vous lirez toute l'histoire.

Joseph décida de garder Siméon pour une fausse accusation. Le verset 24 dit : « il prit parmi eux Siméon, et le fit enchainer sous leurs yeux ». Donc, Siméon fut lié en Egypte. Le seul moyen de libérer Siméon était une personne : Benjamin. Il fallait donc que le père de Benjamin, Jacob le libère pour que Siméon soit délivré de l'Egypte. Qu'est ce que je veux nous faire comprendre ?

Il y a beaucoup de Siméon qui sont détenus, enchainés en Egypte. Et pour qu'ils soient délivrés, il faut que Benjamin soit envoyé ! Il est la clé pour la libération de Siméon. Bien que Benjamin n'était encore qu'un enfant, il était la solution, la clé. « Juda dit à Israël, son père : Laisse venir l'enfant avec moi… » (V8). Jacob décida donc d'envoyer son fils auquel il était fortement attaché ! Il le fallait pour le salut de tous.

J'ai vu dans l'esprit une puissante effusion de l'Esprit que beaucoup de leaders ne pourront pas maitriser, car les renards seront relâchés par Dieu lui-même, les dons spirituels opérants dans les rues, les bus etc. beaucoup risqueront de partir des églises parce que incompris. Certains leaders parleront de rébellion. Mais, ce ne sera pas la rébellion. C'est juste qu'ils n'auront pas su discerner le temps de Dieu pour la personne et leur temps pour la personne.

Pères, il est temps de libérer les Benjamins. Même si vous êtes attachés comme Jacob à Benjamin, soyez sensibles. Car, il y a plusieurs Siméon retenus en Egypte qui ont besoin de Benjamin. C'est l'heure de Benjamin !

CONCLUSION

Le récit présente une conversation invraisemblable entre l'homme riche en « Enfer » et Lazare dans « le sein d'Abraham ». En effet, avant la mort et la résurrection de Jésus, le séjour des morts était divisé en deux compartiments.

Jésus utilise des images claires. L'homme souhaite qu'Abraham envoie Lazare tremper la pointe de son doigt dans l'eau afin de rafraîchir sa langue. Mais comment cela pourrait se produire physiquement ? Une telle demande ne peut être que symbolique. Comment de l'eau pourrait passer à travers les flammes, et quelle aide pourrait-elle fournir à quelqu'un qui souffre en enfer ?

Cette parabole nous montre que Dieu nous parle, il envoie des avertissements de notre vivant pour nous amener à la repentance. L'eau c'est l'image de la parole, c'est dire donc que cette parole que le riche avait refusé et méprisé de son vivant, en enfer il sera trop tard pour se repentir et pardonner.

« Les vivants, en effet, savent qu'ils mourront; mais les morts ne savent rien, et il n'y a pour eux plus de salaire, puisque leur mémoire est oubliée ». (Ecclésiaste 9 :5)

C'est durant notre vie sur terre que nous devons avoir la victoire sur le péché, que nous devons reconnaitre et accepter Jésus comme notre Seigneur et notre sauveur personnel. Car, quand nous mourrons cela n'est plus possible. Voyez- vous un quelconque purgatoire quelque part ? C'est pourquoi l'évangile pur doit être annoncé sans compromis.

Le Seigneur Jésus-Christ n'est pas venu mourir à la croix pour créer un système religieux. Sa conception de l'Eglise n'est pas un groupe de personnes qui uniquement vient aux cultes dominicaux ou à des réunions. L'Eglise n'est pas non plus un lieu ou un bâtiment

Notre Seigneur Jésus a une vision de l'église différente de celle que nous avons aujourd'hui. L'existence même des dénominations diverses atteste l'imperfection de notre obéissance à l'évangile[10]. Jésus voit l'Eglise comme un peuple acquis, un sacerdoce royal, un peuple vivant dans une relation dynamique avec lui, s'aimant les uns les autres en étant équipés pour accomplir ses buts sur la terre.

Les ministères ne sont pas là pour profiter des membres ou pour construire des bâtiments splendides mais pour accomplir le plan de Dieu d'étendre et de manifester son royaume sur la terre.

La Parabole du pauvre Lazare et du riche nous enseigne effectivement sur ce qui est vital. En effet, à travers les requêtes de l'homme riche en enfer nous soulignons ce dont l'homme a vraiment besoin sur la terre de son vivant. Et permet à l'Eglise de mieux se repositionner quant à son rôle. Car c'est lorsque l'Homme est privé de tout qu'il réalise vraiment, ce qui est essentiel et crucial pour lui. Ainsi, nous Eglise de Christ nous pourrons mieux nous concentrés sur le salut de son âme sans être impressionné par les paillettes.

---

[10] Les Réformés, Luthériens, Méthodistes, Salutistes, Baptistes, Anglicans etc. J.M. Nicole, Précis de Doctrine Chrétienne, Chap. 11.

Ces sept choses énumérées dans cet ouvrage sont sept axes ou Christ nous attend. Vous pouvez tout oublier ou bien négligé certaines choses, mais pas ces sept choses. Ainsi, lorsque nous disons que « l'Eglise a perdu », il s'agit du fait que l'Eglise a cessé de suivre ces axes comme il se doit.

Perdre signifie faire un mauvais emploi ; diminuer l'importance, de valeur et de qualité ; ne plus pouvoir suivre ; ne pas garder ;

Beaucoup de chrétiens nonchalants passent pour être sages à leurs propres yeux. Tout cela pour justifier leur manque d'enthousiasme et de zèle dans l'évangélisation.

Vous savez pour Dieu qui est sage ? Laissez-moi vous le dire. Proverbes 11 : 30 nous parle du sage selon Dieu. Il est écrit dans la version Darby : « **Le fruit du juste est un arbre de vie, et le sage gagne les âmes ».**

La version de Martin dit : « **[…] Celui qui gagne les âmes est sage ».** En d'autres termes, celui qui pense être sage sans gagner les âmes est un insensé notoire.

Sept choses capitales et vitales pour une église vivant pour Christ. Pensez vous que vous êtes constants et fidèles dans ces choses ? Si toutes les églises s'y attelaient à cœur joie et prioritairement avec Amour, l'impact du royaume de Dieu, et les changements ne seraient que plus évidents. Si vous pensez connaitre tout cela, voici ce que Jésus vous dit Jean 13 : 17:

« Si vous savez ces choses, vous êtes heureux, POURVU QUE VOUS LES PRATIQUIEZ »

Prière :

Père Eternel, J'ai péché contre toi

Pardonne-moi pour ma négligence ! Pardonne-moi pour la paresse dans l'évangélisation et la prière.

J'ai mis de coté ta vision et tes intérêts pour suivre les miens. Je me repens et te demande pardon.

Je me repens du manque de zèle et pour les fausses excuses avancées.

Je reviens à ta préoccupation première qui est le salut des âmes. Je vais me lever pour la mission

Je compte sur ta grâce infinie pour avoir ton degré d'amour et de compassion pour les perdus.

Que ta passion m'anime et que le zèle de ta maison me dévore !

Que le feu de l'Amour des âmes perdues brule de plus en plus en moi chaque jour

Je déclare et je confesse que je ne me tairais plus ! Tes priorités sont mes priorités

Au nom de Jésus, Amen.

E-mail Eugène Junior Paya Ngoubou:

evangelistpaya@yahoo.com

Watts up: (+241) 07421453

Facebook : wise.paya

Printed by Books on Demand GmbH, Norderstedt / Germany